LIÇÕES DE UMBANDA
(e quimbanda)
NA PALAVRA DE UM "PRETO-VELHO"

Dados Internacionais de Catalogação na Publicação (CIP)
(Câmara Brasileira do Livro, SP, Brasil)

Silva, W. W. da Matta e, 1917- .

    Lições de umbanda (e quimbanda) na palavra de um "preto-velho" / W. W. da Matta e Silva. — 10. ed. — São Paulo : Ícone, 2017.

    ISBN 978-85-274-0892-9 (13 dígitos)

    ISBN 85-274-0892-9 (10 dígitos)

    1. Umbanda (Culto) - História 2. Quimbanda (Culto) - História I. Título.

06-6088	CDD-299.60981

Índices para catálogo sistemático:

1. Umbanda : Religiões afro-brasileira   299.60981

2. Quimbanda : Religiões afro-brasileira 299.60981

W. W. DA MATTA E SILVA

LIÇÕES DE UMBANDA
(e quimbanda)

NA PALAVRA DE UM "PRETO-VELHO"

10ª Edição

Ícone editora

© Copyright 2017
Ícone Editora Ltda.

Capa
Meliane Moraes

Diagramação
Solange Vieira

Editoração Eletrônica
Richard Veiga

Revisão
Rosa Maria Cury Cardoso

Todos os direitos reservados pela
ÍCONE EDITORA LTDA.
Rua Javaés, 589 – Bom Retiro
CEP: 01130-010 – São Paulo/SP
Fone/Fax: (11) 3392-7771
www.iconeeditora.com.br
iconevendas@iconeeditora.com.br

ÍNDICE

A) Introdução. B) "As sete lágrimas de pai-preto – páginas dedicadas aos aparelhos umbandistas, precedida de um comentário. C) "Os véus da dor" – mística dedicada a diversos... (da página 7 à 16)

1ª Parte

Preto-velho define Umbanda. Fala do conceito mitológico e do conceito esotérico ou de adaptação oculta do astral. Das 7 Vibrações ou Linhas de Força Espiritual. Descreve as três classes ou aspectos da faixa-umbandista. Médiuns fracassados. Causas – Duríssimas vaidades – o Roteiro de Incertezas – Os reflexos – a Reabilitação ou reintegração mediúnica. Fala dos evangelhos – de Jesus e Deus-Pai..., 17

2ª Parte

Preto-velho fala dos 7 Veículos do Espírito. Do cérebro-anímico. Do Núcleo Vibratório propulsor intrínseco ao Espírito. Dos 7 Núcleos Vitais Originais – Dos 3 Organismos Essenciais – o mental, o astral, e o físico, em relação com a Matriz-Perispirítica ou astral. Dos Tribunais Superiores e Inferiores em face do Carma Individual e Grupal, 55

3ª Parte

Preto-velho fala da mediunidade sem os véus da ilusão. Das 3 classificações distintas e generalizadas de mediunidade – suas condições face às práticas e aos rituais que se processam em nome de Umbanda. Os verdadeiros médiuns podem cair na faixa dos neuro-anímicos. A Mão Esquerda traz o Selo Mediúnico (vide clichê – página 111). Sinais de sua comprovação. O autêntico selo dos magos. Da interpretação dos ritos. Da ação das palmas. A verdade sobre os Tambores e o seu perdido "segredo mágico". Das "guias" ou colares. Pontos cantados, 77

4ª Parte

Preto-velho fala da Alta Magia ou da Magia divina na Umbanda. Do equilíbrio mágico do Congá. Da ação dos defumadores e dos banhos em face da qualidade do Signo de cada um. Chaves de identificação astrológica oculta. As plantas mágicas de Umbanda como plantas solares e lunares. Do uso mágico das chamas ou luzes de velas, lamparinas, etc. A Lei de Pemba ou a Grafia dos Orixás, através de seus Enviados. A Magia dos Triângulos como Escudos fluídicos dos Orixás por seus elementais. O Mapa-chave composto nº 6, 121

5ª Parte

Segredos da Quimbanda ou Planos Opostos. A verdade sobre os chamados de Exus — espíritos elementares na fase evolutiva. Não confundir Quimbanda com "Quiumbanda". Os Exus — *a polícia de choque* do baixo astral, em grande atividade ou num tremendo trabalho de fiscalização e frenação sobre os quiumbas — os marginais do baixo astral. As verdadeiras oferendas que Exu recebe. Os Exus do Ar, do Fogo, da Terra e da Água e os seus escudos fluídicos na Lei de Pemba — armas, lutas, prisões e castigo no astral, 147

Respondendo a Perguntas, 181

INTRODUÇÃO

Este livro é mais uma contribuição nossa em prol do meio umbandista. Tem por objetivo atender a incontáveis pedidos, insistentes mesmo, de admiradores e simpatizantes da Umbanda e, sobretudo, por seguidores dos Princípios ou Regras estabelecidas em nossos trabalhos nesse Campo.

Desses, o que mais agradou (edições esgotadas), causando até celeuma e largamente sabotado, foi o intitulado "Umbanda de todos nós", um compêndio de fôlego, todo ilustrado.

Assim, cremos ser altamente oportuno sairmos com estas "Lições". Urge fazer chegar aos verdadeiros umbandistas, gente simples e boa, mais esclarecimentos preciosos, diretos, para que, por sua assimilação imediata, possam aproveitar com mais propriedade suas afinidades, pela aquisição dos conceitos reais em que se firma esse movimento, dito como Lei de Umbanda.

Esperamos, então, que estas lições possam situar a questão com a devida clareza em benefício de todos os seus filhos-de-fé, os que sabemos serem simples, bons e, sobretudo, honestos em suas convicções.

Para facilitar os entendimentos, compomos estas lições em forma de diálogo entre um desses "filhos-de-fé", a quem identificamos como Cícero (médico, estudioso, sensato e observador), e um espírito amigo, a quem costumamos chamar de "preto-velho".

Asseguramos que esse diálogo, com as respectivas anotações, realmente aconteceu. Apenas fizemos as necessárias adaptações, dando-lhes a forma literária de nosso feitio, ou seja, de nosso alcance.

Asseveramos mais, que esse "preto-velho", a quem rendemos justa homenagem e eterna gratidão, é o Pai G..., do qual fomos e somos o veículo mediúnico direto, e foi ele ainda quem muito cooperou, anteriormente, para que escrevêssemos a já citada obra "Umbanda de todos nós" e a seguinte da série, de caráter essencialmente interno, iniciático, sob o título de "Sua Eterna Doutrina".

Outrossim, tínhamos prometido sair com duas obras: uma versando sobre a indústria da umbanda e a outra, com o nome de Çakala – a filosofia do Oculto.

Praticamente ficaram prontas, isto é, a primeira, nós a destruímos, obedecendo tão-somente às ordens de Cima, do Astral, embora que, por sua vontade, sairia. A outra vai demorar um pouco, pois a sua oportunidade nos foi aconselhada, tendo em vista a assimilação de "Sua Eterna Doutrina" – que fixa os postulados da Lei de Umbanda, definindo seus aspectos filosóficos, científicos, religioso, e que penetra ainda no âmbito da metafísica – assimilação essa que está ainda se processando lentamente.

Agora, prezados irmãos leitores, os convidamos a criar com o pensamento, o seguinte quadro-mental, porque é através dele que "verão" Cícero abordar, com esse "pai-preto", as questões que terão seqüência neste trabalho.

Eis o quadro: um "terreiro" simples, pobre, feito de madeira, na encosta de um morro, quase sem vizinhança. Tudo respira paz. Entremos... Alguns bancos para assistentes e uma separação resguardando a parte destinada às coisas espirituais. De frente, há uma pequena mesa coberta por alvíssima toalha. Na parede, uma estampa de Cristo. Sobre a mesa, uma tábua de 40 x 30 cm, repleta de estranhos sinais feito a giz e ainda 3 pires para acender velas e 2 jarros com flores. No chão, ao lado da mesa, 2 banquinhos brancos. É só...

Pois era aí que esse "preto-velho" "baixava", isto é, tinha nesta ocasião o seu "congá".

Robusteçam então esse quadro-mental e sintam: – "preto-velho" está no "reino" (incorporado), calmo, pitando, e Cícero – o filho-de-fé a quem passou a chamar de "Zi-cerô", sentado de frente, consultando... e vejam! deu-se uma curiosa metamorfose: "preto-velho" não é mais o mesmo! Deu-se uma curiosa metamorfose: "preto-velho" não é mais o mesmo! "Botou de lado" aquele linguajar de guerra, de uso vulgar nos terreiros. Ele agora está falando claro, positivo. Sua palavra é uma partícula do Verbo. Tem sabedoria. Tem compreensão. Tem tolerância. Todavia, ele faz uso, vez por outra, de certos termos da "gíria de terreiro", para melhor entendimento. "Preto-velho" está dizendo "coisas" a "Zi-cerô", pois ele pergunta muito...

Vamos, prezados irmãos, ler e sentir o que "Pai G..." diz, nestas "Lições de Umbanda na palavra de um preto-velho"... pois elas também servirão para os estudiosos entenderem ou alcançarem melhor os ensinamentos contidos nas duas obras anteriores citadas.

Nestas páginas, estão gravadas as impressões vividas e sentidas por mim, diretamente, de um humilde e leal amigo do astral – o Pai G..., a quem rendo minha eterna gratidão, como seu veículo mediúnico desde a infância...

Desse "preto-velho" colhi esse lamento e essa lição, sobre a natureza das humanas criaturas que "giram" nos terreiros ou Tendas de Umbanda.

Isto foi há muitos anos... quando a experiência ainda não tinha encanecido minha alma nesse mister...

Naturalmente, ele, ao proporcionar-me esse "passeio-astral" e ao falar assim numa demonstração direta, quis que eu visse a coisa como ela era e é... pois tinha ilusões e bastante ingenuidade ainda...

Assim, quero dedicar essas suas sete lágrimas, a meus irmãos de Umbanda, aparelhos, sinceros, para que, meditando nelas e vibrando na doce paz desses "pretos-velhos", possam haurir forças e compreensão e sobretudo a indispensável experiência, para que sejam, realmente, baluartes das verdades que eles tanto ensinam... quando têm oportunidade...

"AS SETE LÁGRIMAS... DE PAI-PRETO"
(COMPLETA)

Foi uma noite estranha aquela noite queda; estranhas vibrações afins penetravam meu Ser Mental e o faziam ansiado por algo, que pouco a pouco se fazia definir...

Era um quê desconhecido, mas sentia-o, como se estivesse em comunhão com minha alma e externava a sensação de um silencioso pranto...

Quem do mundo Astral emocionava assim um pobre "eu"? não o soube, até adormecer... e "sonhar"...

Vi meu "duplo" transportar-se, atraído por cânticos que falavam de Aruanda, Estrela Guia e Zambi; eram as vozes da Senhora da Luz-Velada, dessa Umbanda de Todos Nós que chamavam seus filhos-de-fé...

E fui visitando Cabanas e Tendas, onde multidões desfilavam... Mas, surpreso ficava, com aquela "visão" que em cada uma eu "via", invariavelmente, num canto, pitando, um triste Pai-preto chorava.

De seus "olhos" molhados, esquisitas lágrimas desciam-lhe pelas faces, e não sei por que, contei-as... foram sete. Na incontida vontade de saber, aproximei-me e interroguei-o: fala, Pai-preto, diz a teu filho, por que externas assim uma tão visível dor?

E Ele, suave, respondeu: estás vendo essa multidão que entra e sai? As lágrimas contadas, distribuídas, estão dentro dela...

A primeira eu a dei a esses indiferentes que aqui vêm em busca de distração, na curiosidade de ver, bisbilhotar, para saírem ironizando daquilo que sua mente ofuscada não pode conceber.

Outra, a esses eternos duvidosos que acreditam, desacreditando, na expectativa de um "milagre" que os façam "alcançar" aquilo que seus próprios merecimentos negam.

E mais outra foi para esses que crêem, porém, numa crença cega, escrava de seus interesses estreitos. São os que vivem eternamente tratando de "casos" nascentes uns após outros...

E outras mais que distribui aos maus, aqueles que somente procuram a Umbanda em busca de vingança, desejam sempre prejudicar a um ser semelhante – eles pensam que nós, os Guias, somos veículos de suas mazelas, paixões, e temos obrigação de fazer o que pedem... pobres almas, que das brumas ainda não saíram.

Assim, vai lembrando bem, a quinta lágrima foi diretamente aos frios e calculistas – não crêem, nem descrêem; sabem que existe uma força e procuram se beneficiar dela de qualquer forma. Cuida-se deles, não conhecem a palavra gratidão, negarão amanhã até que conheceram uma casa da Umbanda...

Chegam suaves, têm o riso e o elogio à flor dos lábios, são fáceis, muito fáceis; mas se olhares bem seu semblante verás escrito em letras claras: creio na tua Umbanda, nos teus Caboclos e no teu Zambi, mas somente se vencerem o "meu caso", ou me curarem "disso ou daquilo"...

A sexta lágrima eu a dei aos fúteis que andam de Tenda em Tenda, não acreditam em nada, buscam apenas aconchegos e conchavos; seus olhos revelam um interesse diferente, sei bem o que eles buscam.

E a sétima, filho, notaste, como foi grande e como deslizou pesada? Foi a ÚLTIMA LÁGRIMA, aquela que "vive" nos "olhos" de todos os orixás; fiz doação dessa aos vaidosos, cheios de empáfia, para que lavem suas máscaras e todos possam vê-los como realmente são...

"Cegos, guias de cegos", andam se exibindo com a Banda, tal e qual mariposas em torno da luz; essa mesma LUZ que eles não conseguem VER, porque só visam à exteriorização de seus próprios "egos"...

"Olhai-os" bem, vede como suas fisionomias são turvas e desconfiadas; observai-os quando falam "doutrinando"; suas vozes são ocas, dizem tudo de "cor e salteado", numa linguagem sem calor, cantando loas aos nossos Guias e Protetores, em conselhos e conceitos de caridade, essa mesma caridade que não fazem, aferrados ao conforto da matéria e à gula do vil metal. Eles não têm convicção.

Assim, filho meu, foi para esses todos que viste cair, uma a uma, AS SETE LÁGRIMAS DE PAI-PRETO!

Então, com minha alma em pranto, tornei a perguntar: não tens mais nada a dizer, Pai-Preto? E, daquela "forma velha", vi um véu caindo e num clarão intenso que ofuscava tanto, ouvi mais uma vez...

"Mando a luz da minha transfiguração para aqueles que esquecidos pensam que estão... ELES FORMAM A MAIOR DESSAS MULTIDÕES"...

São os humildes, os simples; estão na Umbanda pela Umbanda, na confiança pela razão... SÃO OS SEUS FILHOS-DE-FÉ.

São também os "aparelhos", trabalhadores, silenciosos, cujas ferramentas se chamam DOM e FÉ, e cujos "salários" de cada noite... são pagos quase sempre com uma só moeda, que traduz o seu valor numa única palavra – a INGRATIDÃO...

*D*edico esta "mística" àqueles que se arvoravam em "juízes" do meu Carma e foram ou se dizem ainda meus amigos... Que possam interpenetrá-la e meditar... visto se terem enganado, redondamente, nas suas "sentenças", nas suas "predições"...

OS VÉUS DA DOR...

Oh! Senhor dos Mundos... Onde estás? Que não te ouço mais, desde aquele instante-luz – *marco* na eternidade de minha percepção consciente, dito como livre-arbítrio!

Instante maldito em que, usando de minha vontade, *desci* às terríveis regiões cósmicas da ignorância – do desconhecido!...

Onde estás?! Onde estás agora, Senhor?! Quando as chagas da *dor*, de sofrimento mil, vêm marcando como fogo esta minha alma, através de tantas e tantas encarnações e *nesta* se consubstanciaram na tremenda exigência desse *testemunho de fogo*.

Oh! Senhor das Vidas! Quão rígido é sentir-se os *véus da dor* abrir o íntimo da consciência e revelar em quadros retrospectivos a *soma* das ações contundentes, com as quais feri, da esquerda para a direita, a esses e aqueles!...

Oh! Senhor da Eternidade! Quão terrível é ver se rasgar os *Véus da Dor*, sentindo o *consciente* interpenetrá-la, nas profundas razões – de causas e efeitos, geradoras dessas condições, já marcadas no ritmo da conseqüência...

Mas, oh! Senhor das Almas! Afirmo-te conscientemente: – mais dolorosa que essas dores foi a revelação que a mim veio... Passarão as noites e os séculos, aos milhões, na repetição incessante dos *Ciclos* e, entretanto, a libertação final se encontra tão longe ainda, quanto a *distância-luz* que me falta para ascender, através das *galáxias*, à Linha de Evolução Original – aquela de onde vim...

E é por isso, Senhor, que sofro a desesperação de um *saber*, preso às células orgânicas que desgastei, no entrechoque das lutas e das emoções!...

Sim, sim Senhor das Vidas! Porque estas células sensíveis conservam, no íntimo de sua natureza, a *marca* dos "espinhos" que rasgaram os véus da minha *vontade*, dos meus desejos, desnudando-me a alma para a vertigem das encarnações...

Sim! Ainda conservo a lembrança de meu primeiro *pranto consciente*, porque vi, impressas nas lágrimas derramadas, as *sendas* que havia construído no passado... Elas, Senhor, se uniam como linhas, no final, formando um *caminho* e nele eu "me via frente a frente com meu *ponto-crucial*."

Mas, oh! Senhor das Consciências! Quantas vezes – TU bem o sabes – consegui afastá-lo, pelas mil artimanhas de meu espírito... e, no entanto, *ontem* senti a imperiosa necessidade de enfrentá-lo e *hoje*, ele – esse *ponto crucial*, rasga mais um véu, o da grande dor, no testemunho consciente da prova que aceitei e dei nesta vida...

Agora, oh! Senhor da Suprema Lei, que parece *tudo* haver passado como um furacão, me ajuda a esquecer – porque, perdoar eu já o fiz – as dolorosas impressões que ainda estão aferradas em minha alma, de tantas e tantas traições, de tantas e tantas punhaladas e de tantas e tantas incompreensões...

Preto-velho define Umbanda: Fala do Conceito Mitológico e do Conceito Esotérico ou de Adaptação Oculta do Astral • Das 7 Vibrações ou Linhas de Força Espiritual • Descreve as Três Classes ou Aspectos da Faixa Umbandista • Médiuns Fracassados • Causas • Duríssimas Vaidades • O Roteiro de Incertezas • Os Reflexos • A Reabilitação ou Reintegração Mediúnica • Fala dos Evangelhos – de Jesus e Deus-Pai...

Cícero: – Salve, meu bom irmão "preto-velho"! Aqui estou, de papel e lápis na mão, curioso, ansioso mesmo, para perguntar um "mundo de coisas"...

Preto-velho: – Salve, meu filho! Que a paz de Nosso Senhor Jesus Cristo possa estar em seu coração. Vamos, o que pretendes saber deste "preto-véio"? O que for da permissão de cima, será dito...

Cícero: – "Pai-preto", como você sabe, venho girando nessas "umbandas" e estou cansado de ver tanta confusão. De um lado, ignorância rude, através de práticas mistas, fetichistas. De outro, ainda a mesma ignorância travestida na astúcia dos espertalhões e sempre na mesma confusão. E de mais outro, ainda pude ver e sentir a sinceridade dos simples de espírito e de fé, em busca da luz, que por certo há de existir na seara umbandista e que eles tanto buscam... Diga-me, bem bom irmão, afinal o que este seu filho-de-fé pode ficar sabendo como Umbanda, caboclos, pretos-velhos, crianças, etc.?

Preto-velho: – Para que responda às suas perguntas, devo explicar muito. Assim, presta atenção, porque você vai compreender. Começa a imaginar que toda essa humanidade – todos esses seres encarnados e desencarnados – que moram ou habitam sobre o planeta Terra sejam, como são, o REBANHO do PAI, de que falou JESUS, afirmando, ainda, que "nenhuma dessas *ovelhas* do Rebanho do PAI se perderá"... Você vê então que esse Rebanho é dividido em outros *rebanhos*, segundo os gostos, as tendências, os graus de alcance ou de evolução espiritual, daqueles que se juntam, por afinidades ou conveniências, no mesmo plano de atividade religiosa ou espiritual, etc.

Enfim, para dar exemplo, veja as criaturas que se agrupam na faixa religiosa da Igreja Católica Apostólica Romana, nas Igrejas Protestantes, na Corrente dita como kardecista, etc. São ou não, *ovelhas* do Pai, dentro de seus rebanhos, em seus caminhos ou em suas faixas-afins, todos, porém, se dirigindo, dessa ou daquela forma, à compreensão das Leis do Pai-Eterno?...

Portanto, essas criaturas – essas ovelhas, que formam uma coletividade, chamada agora de Umbandista, também são um desses rebanhos e estão dentro de sua faixa-afim e também buscam chegar ao Pai-Eterno... E, como nos outros rebanhos, há os que procuram estabelecer como regra básica a moral, a doutrina que o Cristo-Jesus, dito por nós de Oxalá, veio lembrar e ensinar...

Pode imaginar ainda cada uma dessas coletividades religiosas (os rebanhos) como tendo sua cor própria e, pela diferença de cores, você pode perceber como são diferentes os graus de entendimento entre elas. Acresce dizer-lhe que, na dita cor que é própria a cada uma, há variação de tonalidades, revelando, mesmo dentro de cada uma, existir variação nos entendimentos – para maior ou melhor alcance espiritual.

Ora, isso compreendido, você pode ver que a coletividade chamada umbandista vem, de há muito, dentro de sua cor, que é a sua faixa-afim. No entanto, a tonalidade real dessa cor não se revelou ainda em toda sua beleza, porque vinha e vem se ajustando lentamente, devido à citada variação de entendimentos ou graus de alcance entre grupos e indivíduos, dando margem a que explorações várias dificultem mais ainda a questão.

Cícero: – Um momento, meu bom "preto-velho"! Pode então explicar-me a origem ou a causa dessa confusão de rituais que persiste até hoje? Ou melhor, dessa mistura de concepções, fazendo com que se tenha dificuldade em se distinguir a cor certa, verdadeira, tal a variação de suas tonalidades?

Preto-velho: – Sim. A causa ou causas são complexas, exigiriam um estudo amplo, mas vou fazer o possível.

Nessas conversas, tentarei deixar bem definida, pelo menos, uma *questão* que foi e é o marco que separa a Umbanda propriamente dita das consideradas como suas ramificações históricas, religiosas e místicas.

Ora, meu filho, você bem sabe que uma das principais confusões se prende ao fato de os "filhos-da-terra" quererem ligá-la, indefinidamente, aos cultos africanos, trazidos pelos primitivos escravos aportados ao Brasil. É necessário que entenda bem essa questão. Há que situá-la em suas linhas simples, porque esse movimento de Umbanda surgiu, exatamente, para *sanar*, corrigir as danosas conseqüências, provenientes da mistura desses cultos, com certas práticas religiosas, ou melhor, mágicas, dos índios, ditas como "adjunto da Jurema", que foram, posteriormente, denominadas pelos brancos como "pajelança", porque, essas práticas (que eles não entenderam) envolviam ervas, rezas, exorcismos ou invocações, com oferendas, cânticos, etc.

Tendo muito de semelhante, na prática vistosa da apresentação exterior, ou seja, no ritual, houve a natural atração entre os citados cultos, principalmente do dito Banto, com esse "adjunto da Jurema", cerimonial dos índios. Dessa fusão surgiu depois o que veio ser conhecido como "candomblé de caboclo", ou seja ainda, o que se diz como "catimbó", espécie de degeneração desses dois citados sistemas de cultos, rituais ou cerimônias – o africano e o indígena.*

Toda essa mesclagem de práticas e concepções vinha e vem sendo executada através de variados e estranhos rituais. Acrescente-se a isso a influência do catolicismo mediante alguns de seus santos, que foram "identificados" (sincretismo) com certos Orixás.

Depois, com o advento do Espiritismo – dito kardecista – nova influência. Tudo isso, não esqueça "zi-cerô", norteando as linhas de afinidades dessa imensa coletividade que se conhece hoje como umbandista.

Todos esses fatores causaram e causam variações nos ritos e nas concepções, as quais definem, positivamente, os graus de alcance ou os entendimentos que regem cada um dos agrupamentos (Centros, Tendas, Terreiros, etc.) de Umbanda.

Cumpre agora assinalar certos pontos básicos, para sua melhor compreensão, "zi-cerô".

Cícero: – Pode prosseguir, meu velho, sou todo atenção.

Preto-velho: – Há séculos que não existem mais no Brasil cultos africanos *puros*. Neles, a razão de ser ou a força de seus rituais se firmava na invocação de Orixás – que é o aspecto fenomenológico, o contato com o sobrenatural – que eram considerados como Espíritos Superiores, "deuses", Senhores dos Elementos da Natureza, etc., e que nunca passaram pela condição humana. Era Xangô, deus do trovão, do raio; Ogum, deus da guerra, Yemanjá,

---

* O termo catimbó é uma corruptela de timbó ou caa-timbó do idioma Nheengatu, a língua boa, sagrada, dos tupy-nambá ou tupy-guarany, e significa defumação.

deusa das águas, etc., que eram agraciados com oferendas diversas e apropriadas. As invocações, digo eu, eram feitas em seus rituais e acreditavam que os Orixás-ancestrais, os ditos como "donos dos elementos", não podiam "baixar" – incorporar em um médium – chegar ao "reino", mas mandavam seus *enviados*, em seus nomes, representando suas forças. Eram os Orixás-intermediários. Ora, "zi-cerô", pensa bem: quem, eventualmente, podia mesmo "baixar", levando-se em conta que sempre houve médiuns ou mediunidade em toda parte ou em todos os agrupamentos?

Eu respondo: – Os seres desencarnados e afins a seus graus de entendimento, ou seja, de atração mental. Quais seriam, então, logicamente, os espíritos que poderiam "baixar" representando os Orixás? Na certa, "zi-cerô", estás com essa pergunta na ponta da língua, não é mesmo?

Bem, por força da lei de atração ou de afinidade, só poderiam, mesmo, "baixar", os espíritos afins às suas práticas ou ritos. Nesse caso, eram os desencarnados de sua raça – antigos sacerdotes, babalaôs e mesmo espíritos dos que foram seus chefes e outros que tivessem condições para se aproximar dizendo-se enviados de Ogum, Xangô, Iansã, Yemanjá, etc., *a fim* de não serem *repelidos*, caso se identificassem como um desses desencarnados, pois, nos cultos africanos, todos os espíritos considerados como *eguns* eram e são *repelidos*. Por *eguns*, identificam os espíritos dos desencarnados, almas dos antepassados, enfim, todos os que já se tinham ido, ou que passaram pela vida terrena...

Cícero: – Então, "pai-preto", o que se pode deduzir ou concluir disso?

Preto-velho: – É claro, "zi-cerô", que não era do *conhecimento consciente* dos irmãos africanos, que invocavam em seus rituais os Orixás – a verdadeira qualidade ou classe dos espíritos que "baixavam" nas "filhas ou filhos-de-santo", dizendo-se ou se identificando como Iansã, Xangô, etc. E foge também ao conhecimento dos que ainda praticam atualmente muito de culto africano, embora misturado, essa questão dos espíritos que eles dizem "receber" como os seus Orixás.

Cícero: – Dê licença, meu bom "preto-velho": dentro dessa explicação, lógica, sensata, pois se firma na lei de afinidades, começo a penetrar cada vez mais na questão. Assim é que tenho assistido em vários "terreiros" os ditos como "pais-de-santo", receberem, por exemplo, Iansã, que é muito festejada. Eles se paramentam todos quando ela "baixa", em saias rendadas, colares, etc. Queira repisar mais este ponto. Quem estará mesmo "baixando"?

Preto-velho: – Foi bom mesmo você ter insistido nesse ângulo. Aí, "zi-cerô", há dois aspectos a considerar: no *primeiro* pode ser que o "pai-de-santo" tenha mesmo mediunidade ativa e dê passividade para um espírito feminino que esteja na sua faixa vibratória e afim às suas práticas e rituais. Posso assegurar, entretanto, que, na maioria dos casos, o que se passa e está dentro do *segundo* aspecto é o seguinte:

Comumente, o dito como "babalaô" ou "pai-de-santo" cria em si uma *condição anímica*, plasmando em seu campo mental as "qualidades" do Orixá que ele pretende *personificar* e que, geralmente, é o daquele a quem se devotou. Entendeu, "zi-cerô"? Mesmo porque essa questão de mediunidade, nos agrupamentos que ainda conservam alguma coisa de culto africano puro – que praticam algum *ritual de nação*, não é levada tão a sério, não é tão importante assim...

Cícero: – Pai-preto, diante de suas explicações, já compreendi o porquê de tanta confusão. Já assimilei a concepção sobre Orixás dos africanos e já verifiquei qual o *ponto* fundamental que define o movimento genuinamente umbandista do que se possa entender ou praticar como culto africano puro. Comprove se entendi bem toda sua explicação: esse *ponto* é a concepção de Orixá, em relação ao aspecto fenomênico, invocatório, digamos, mediúnico. Orixás-ancestrais ou intermediários são seres ou espíritos superiores, nunca passaram pela forma humana, portanto, nunca encarnaram, únicos invocados em seus rituais de nação, nos quais não se admitiam os ditos como *eguns*, ou seja, quaisquer espíritos dos antepassados ou qualquer um que tivesse passado pela vida terrena, humana.

Assim, devo entender claramente que os espíritos chamados de "caboclos, pretos-velhos e crianças", tendo passado por inúmeras encarnações, são "ipso facto" *todos eles eguns*, esses mesmos que estabeleceram a *nova corrente* já firmada como de Lei de Umbanda?

Pai-preto: – Perfeitamente, "zi-cerô". Ora, acha você, meu filho, que esse *rebanho* que vinha e vem dentro dessa faixa de afinidades complexas, se arrastando dentro dessas práticas, desses ritos, dessas oferendas, dessa mistura de concepções que envolvem misticismo, fetichismo, espiritismo, catolicismo, etc., sujeito a influências do "baixo mundo astral", que o cerca vorazmente, vampirizando-o, por via das ditas práticas que envolvem certas oferendas, "despachos", etc., podia, repito eu, esse rebanho, essa coletividade, vir rolando assim, às cegas, em meio a este mar de confusões, sem ouvir os ensinamentos de Nosso Senhor Jesus Cristo na adaptação, a seus entendimentos? Por certo que não, "zi-cerô"! A Sabedoria Divina achou por bem, então, processar um *movimento novo*, dentro desses cultos, desses agrupamentos, no sentido de canalizá-los para *nova* corrente que veio a se denominar de Umbanda.

Cícero: – Pode ser mais claro ou dar maiores detalhes do *porquê* dessa canalização e quem agiu diretamente na formação desse movimento?

Preto-velho: – Esse *movimento* foi feito – você já o disse atrás – diretamente pelos espíritos de "caboclos, pretos-velhos e crianças", obedecendo, é claro, a ordens superiores, *de cima*. Veja, para compreender melhor, acompanhe com o raciocínio o seguinte: – a Sabedoria Divina, através dos Espíritos Mentores, vendo essa coletividade dita já como umbandista e analisando suas concepções, seu alcance espiritual, pelas tendências, pelo misticismo, pela religiosidade, pelo atavismo forte que nela imperava e ainda impera, estudou a melhor maneira de *incrementar a sua evolução*...

De forma que, *por ordem* de cima, os Espíritos-Mentores chamaram os espíritos de pretos-velhos, de índios[1] e de crianças, todos esses cuja matriz-perispirítica[2] ou astral *conservam* ou dão condições a essas *formas* (por serem os espíritos-afins, é claro), a essa coletividade e com ligações cármicas para *trabalharem* esse Rebanho, incrementar a evolução dessa coletividade...

Bem como chamaram também espíritos elevados[3] de outras condições – com um carma individual e grupal já superado, para ajudarem, *em missão, aqueles*. Todos se lançaram como "pontas-de-lança" dentro desse meio, ou seja, na corrente astral e na humana dessa coletividade umbandista, aproveitando, de imediato, a mediunidade dos encarnados, escolhidos para esse mister...

Esses espíritos de pretos-velhos foram requisitados, dentre os antigos Babalawos ou *primitivos sacerdotes*, de muitas encarnações, experimentados e de grande conhecimento, bem como os de índios, dentre os *primitivos payé e caciques*, dos *tupy-nambá* e dos *tupy-guarany*, etc., de comprovado saber e experiência, todos com en-

---

1   O termo caboclo é genérico: serve para qualificar todo espírito que tenha o corpo astral de índio.

2   Vejam na parte que trata de Mediunidade na Umbanda, explicações e fundamento inédito sobre essa matriz-perispirítica.

3   Esses espíritos elevados e Mentores, como Guias e Orixás-intermediários, ao penetrarem na faixa-astral umbandista, tomam a "roupagem-fluídica" de caboclos, pretos-velhos, crianças, etc.

carnações da era pré-cabraliana, quando essas tribos ou nações estavam no apogeu de seus ciclos evolutivos... Porque é sabido que a degeneração das raças é um fato... e é assim que a verdadeira tradição se perde, na sombra dos séculos... e com isso a história oficial não dá testemunho preciso de sua antiga sabedoria, de seu primitivo apogeu...

E foi assim que, repentinamente, surgiram esses caboclos, esses pretos-velhos, acompanhados de falanges de espíritos de crianças, por ali e acolá – nos "terreiros", enfrentando a ignorância dos encarnados e dos desencarnados, esses como *enxames*, envolvendo *aqueles*. E começou a nossa *gigantesca luta*. Batalha da *luz* contra a *sombra*, silenciosa, firme, incansável, tão grandes são os obstáculos de ordem astral, moral, espiritual e sobretudo, de material humano, mediúnico.

Cícero: – E como surgiu o termo Umbanda, servindo de *bandeira* a esse movimento novo?

Preto-velho: – A palavra *Umbanda* foi revelada (e não criada pelos humanos) por esses espíritos de caboclos, pretos-velhos, etc.; *primeiro*, através de certos cânticos ou hinos (que se diz como pontos-cantados), para *firmar*, com a força mágica de seu sons[4] ou sílabas, certas correntes vibratórias e mesmo como você diz, para servir de Bandeira a esse Movimento.

E logo foi *sentida* a magia que ela despertava nos filhos dos "terreiros".

Cícero: – Realmente, "Pai-preto", tenho eu mesmo *sentido* isso. Porém, há mais algum significado profundo nesse vocábulo Umbanda?

Preto-velho – Há... A palavra Umbanda representa ou simboliza a "chave" das antiquíssimas iniciações ou *ordens*. É a única

---

4   O termo umbanda é um *mantra*.

chave, atualmente, abre "portas" aos verdadeiros conhecimentos da *perdida Lei do Verbo*[5]. Isso, bem entendido, pelo caminho de Sabedoria oculta, interna. Não confundi-la com o aspecto *externo*, esse que alimenta o grosso da massa humana, pela senda religiosa, na doutrina ou na evangelização simples.

Então, "zi-cerô", o termo UM-BAN-DA, contendo em si um sentido tríplice-oculto, traduz, de acordo com a Lei do Verbo, o seguinte: – Conjunto das Leis de Deus... Em linhas gerais, portanto, Umbanda representa as Leis Eternas que atuam na coletividade umbandista, a fim de regular e impulsionar a sua ascensão, tudo sob a guarda direta dos espíritos escolhidos para esse mister: os chamados de caboclos, pretos-velhos e crianças, também...

Cícero: – Sabe, "Pai-preto", já estranhava não ouvir referências a esses espíritos. Como surgiram na corrente astral de Umbanda?

Preto-velho: – Surgiram também pela necessidade, em virtude do fortíssimo arraigamento dessa mesma coletividade aos Ibejis (divindades protetoras do parto duplo, dos gêmeos) do culto africano, os quais se *confundiram,* isto é, foram assimilados aos dois santos católicos: S. Cosme e S. Damião.

Assim, veja a adaptação que fizeram ou que se impôs de forma estranha. Os agraciados tradicionalmente com oferendas, doces,

---

5   Sim, porque essa Lei era e é representada por sinais cabalísticos, de força mágica, tradutores de sons divinos – esses que dominam os chamados elementais. Nenhuma corrente usa, hoje, esses sinais, mesmo esotericamente. Conservaram apenas os símbolos simples, dados na Cabala, como sejam, o círculo, o triângulo, a cruz, etc., assim mesmo com os respectivos significados esotéricos ou já comuns. As suas posições astrológicas e correspondentes sons, se perderam. Ora, na Umbanda, eles existem e são usados *na forma real* de seus movimentos. Além disso, é a única corrente que usa *os outros sinais*, completamente desconhecidos nas outras correntes. Esses sinais, nós chamamos de lei de pemba, pois são riscados em giz, por nossas Entidades protetoras. Não há que negar a evidência dos fatos.

manjares, etc., eram os Ibejis; transferiram, porém, essas práticas para Cosme e Damião, os santos-médicos da igreja católica, que passaram, de há muito tempo, a "receber" essas oferendas, em festejos, muitas das quais como promessas, pedidos ou pagamento de alguma coisa...

Nesse caso, os Cosme-Damião (oferendas e festejos) tomaram um caráter genuinamente umbandista, ou seja, de *adaptação* oculta dentro da nova corrente. Segue-se que havendo a natural atração das falanges de espíritos que ainda conservam os caracteres psíquicos ou *anímicos* de crianças, a par também dos espíritos que além de conservarem esses caracteres psíquicos, têm ainda o corpo astral na forma de criança, havendo, repito, a atuação desses espíritos, de todos os graus, fez-se também sobre eles uma *fiscalização*, um permanente *policiamento*. E isso se deu por intermédio das falanges dos espíritos com formas de crianças, de luz, já experimentados nas lides astrais, a fim de ajudarem os irmãos "caboclos e pretos-velhos" nessa caminhada a serviço de Nosso Senhor Jesus Cristo... Não resta dúvida, todos são trabalhadores de sua Seara.

Cícero: Diga-me, "pai-preto", e essa versão de "Doum", também é adotada no meio umbandista?

Pai-preto – Há várias versões sobre o assunto, no entanto, a que ensino como correta é a seguinte – Doum surgiu de uma lenda, nos primitivos candomblés da Bahia. Essa lenda foi tomando forma-mental, criou sua corrente de pensamentos, foi-se incorporando, lenta e seguramente, na tradição oral desses candomblés desses cultos ou agrupamentos, até os nossos dias. Tomou até forma material, simbolizada na menor das três estátuas juntas, ditas de Cosme, Damião e Doum.

Agora, "zi-cerô", é preciso que saiba o seguinte: "*o que se plasma embaixo surge em cima*". Deduz-se que, surgindo e passando a existir uma corrente de pensamentos, de caráter religioso, místico e fenomênico a respeito de algo, esse algo se torna uma *força* e esta tem que ser *ocupada espiritualmente,* ou seja, passa a ser *controlada*, passa a ter donos ou *controladores vibratórios*: esses são, é claro, os espíritos de luz com os caracteres psíquicos ou anímicos de crianças e que foram, também, encarregados de reger no astral inferior ou no plano-terra, mais essa *faixa*, passando a agir em relação com a supracitada corrente inicialmente constituída pelos encarnados.

São enfim, os inúmeros "Douns" que se apresentam nos "terreiros" através dos aparelhos. Portanto, quanto aos detalhes da lenda, são de menor importância e fogem às finalidades destas lições.

Cícero: – Está muito bem, meu bom "preto-velho", de tudo que você vem ensinando, vou fazer uma síntese retrospectiva para ver se entendi bem: – essa massa, conhecida atualmente como umbandista, vinha e vem se arrastando dentro da mistura de cultos denominados afro-brasileiros, repletos das mais complexas concepções. Houve intervenção do Astral Superior – em certa época – determinando uma ação conjunta e imediata caracterizada pela presença atuante, direta, quer no ambiente astral desses "terreiros ou candomblés", quer através da mediunidade de seus adeptos, por parte dos espíritos de "caboclos e pretos-velhos", acompanhados pelas falanges de crianças.

Esses espíritos podem ser considerados *eguns*, segundo o genuíno conceito africano, pois passaram pela forma humana, tiveram encarnações e respectivas experiências e foram eles os *construtores* do verdadeiro movimento ou da nova corrente qualificada como Lei de Umbanda, essa que firmou Princípios esquecidos e sabiamente fez as necessárias adaptações... Está correta minha dissertação, "Pai-preto"?

Preto-velho: – Sim. Vejo que alcançou o assunto muito bem.

Cícero: – Falta um assunto para o qual peço sua luz. Prende-se a uma espécie de incongruência, essa de se ver invocar, nos "terreiros", espíritos de índio – os caboclos – para virem, a par com os de "pretos-velhos", "saravá" os deuses do culto africano, tais como Xangô, Oxóssi, Ogum, etc., no dia dedicado a certos santos da Igreja Católica. Como entender, especialmente, a presença dos caboclos, sob a vibração de Orixás e Santos?

Preto-velho: – Como vê, bom filho, o assunto é complexo, mais foi todo firmado ou baseado na sabedoria da *adaptação de forças*. Assim, presta toda atenção: é quase *ponto fechado*, na maioria das correntes iniciáticas, espiritualistas e mesmo religiosas, a aceitação de 7 Potências ou de 7 Vibrações Originais, que são as Faixas Vibratórias Originais e afins aos seres encarnados e desencarnados, influentes sobre eles, segundo seus graus de entendimento e inclinações...

Fez-se necessário, então, que houvesse uma *definição* e *aceitação* sobre essas Forças Espirituais Ocultas, com a *respectiva adaptação* à coletividade umbandista, pois essa já vinha, dentro de certas práticas, invocando e aceitando algumas ditas como os Orixás do culto africano, dentro do sentido religioso ou místico e mesmo pela parte dos fenômenos cósmicos ou mediúnicos.

Para essa *adaptação*, os *espíritos mentores* da corrente astral de Umbanda, concordaram na identificação de 5 termos representativos de Forças, conservado através dos séculos, pela tradição sacerdotal africana e cuja origem vem desde a remotíssima civilização Lemuriana, da qual, historicamente, pouco se sabe...

Esses primitivos sacerdotes africanos conservavam o *sentido* e o *uso* oculto ou mágico sobre esses 5 termos, sobre *essas forças,* no recesso de seus antigos Templos, que existiram no Alto Egito, quando, por seu poderio e grandes conhecimentos, a raça negra dominou o mundo.

Esses 5 termos, identificados de Orixalá ou Oxalá, Xangô, Oxóssi, Ogum e Yemanjá, além de representarem forças fenomênicas ou cósmicas, são *mantras* de expressão mágica que, dentro dessa *adaptação astral*, passaram a se identificar como as faixas Vibratórias ou Linhas, sob as quais iriam ficar os espíritos, segundo o grau da afinidade e evolução, como Orixás-intermediários, Guias e Protetores, com a atuação direta, é claro, na corrente da Umbanda, sob a "roupagem-fluídica" de caboclos, pretos-velhos e crianças...

Esses 5 termos são mantras, dizia, porque, se invocados ou pronunciados certo, ou segundo o "mistério" de seus sons ou fonemas, em relação com as posições cardeais e com a cores, despertam poderosas forças elementais, etc.

Recompôs, portanto, o sentido oculto ou mágico desses termos e *completou-se* com mais 2 que estavam *perdidos ou esquecidos* (como perdida está a lei vibratória do Verbo) ou melhor, que a tradição iniciática perdeu. Esses nomes, que se identificaram também como as 2 Faixas Vibratórias que faltavam e que se completam as 7, são os de YORI e YORIMÁ[6]. Então, para uma serena compreensão do assunto, vou definir conceitos...

Conceito mitológico e religioso dos Cultos Africanos (predominância nagô) sobre as 5 Forças ou Potências que respeitavam (e respeitam) e invocavam (e invocam), que não se perderam através da remotíssima tradição oral.

1. *Obatalá ou ORIXALÁ* (ORINSHALÁ), o mesmo que OXALÁ: o filho de OLORUN, o Pai da humanidade (a nossa, é claro, inerente ao planeta Terra).

   Veio a ser identificado positivamente com o Senhor do Bonfim da Bahia, ou seja, o mesmo que JESUS (OLORUN) era e é considerado como o único Deus Supremo, acima de Orixás e, é claro, acima ainda de Obatalá ou o

---

6   Veja-se tudo isso, em profundidade, na obra "Umbanda de Todos Nós".

chamado Grande Orinshalá (Orixalá) que, também, não é um Orixá, é um deus, filho do Deus Único.

2. YEMANJÁ – deusa das águas, um orixá feminino, também venerada como deusa da fecundidade, domina o elemento água.

3. XANGÔ – deus do rio, do trovão; orixá masculino que domina o elemento fogo.

4. OGUM – deus da guerra; orixá masculino que domina o elemento fogo.

5. OXÓSSI – deus da caça; orixá masculino que domina o elemento vegetal e as artes.

Obs: esses cinco orixás-ancestrais têm suas representações materiais preferenciais *em pedras que eram escolhidas e preparadas, denominando-se assim como "itás" ou seja: servem de fixações religiosas e mágicas que o babalaô imprime, segundo a força ou a personificação do orixá de sua devoção especial. São usados, também, outros objetos inanimados para representarem a força dos orixás sobre a Natureza: conchas, árvores, frutos, raízes, pedaços de ferro, etc.*

Conceito interno ou esotérico[7] da corrente umbandista sobre as 7 Linhas ou Vibrações Originais:

1. *ORIXALÁ* ou *OXALÁ*: é a Vibração ou Linha de Força Espiritual sob o qual estão situados os Espíritos[8] cujo grau evolutivo alcançaram *diretamente* esta Faixa Vibra-

---

7   Não confundir o termo exotérico como expressão ligada ao Centro Esotérico da Comunhão do Pensamento (ver dicionário, a respeito).

8   Na Umbanda, exercem sua ação sob a forma de caboclos, sem terem, necessariamente, a matriz-perispirítica ou o corpo-astral, assim constituídos.

tória que está sob a visão *direta* de Jesus – o Cristo. Na Umbanda se apresentam na roupagem de caboclos.

Esta faixa vibratória dá assistência e formação aos Tribunais Superiores do Astral diretamente, e controla aspectos especiais das leis cósmicas por seus elementos básicos relacionados ao poder manipulador dos 7 Núcleos Vitais do Homem-espírito em conjunção com os 7 Fluidos Cósmicos ditos, em outras Escolas, como "forças sutis da Natureza" e que denominam como chakras e como tatwas.

Em suma, é a Linha do Grande Orixalá ou Oxalá, o mesmo que Jesus. Segundo a Lei do Verbo, esta linha ou Vibração de Orixalá reflete ou traduz o Princípio Incriado que, pelo aspecto das leis cósmicas, controla o lado ativo que atua na Natureza. E ainda, o Verbo Solar – a Ciência do Verbo. Faz a supervisão das demais vibrações ou Linhas subseqüentes que atuam na Terra: ORIXALÁ = A LUZ DO SENHOR DEUS.

Obs.: na assimilação exterior, religiosa, se aplica corretamente como Linha de Oxalá ou seja, a de Jesus.

2. *YEMANJÁ*: é a Vibração ou a Linha de Força Espiritual, sob a qual estão situados os Espíritos cuja matriz-perispirítica[9] sempre definiu seus caracteres psíquicos, na qualidade, facultada pela matéria, como femininos, e cujo grau ou estado evolutivo alcançaram esta Faixa Vibratória. Na Umbanda apresentam-se como caboclas.

Segundo a Lei do Verbo, esta Linha ou Vibração de Yemanjá reflete ou traduz: o Duplo Princípio Espiritual Incriado. O Eterno Feminino. A Força Fecundante. Pe-

---

9   Vejam a explicação, na 2ª parte, sobre essa matriz-perispirítica...

lo aspecto cósmico, atua na Natureza conjugando o ativo no *passivo*, o quente no úmido, etc. YEMANJÁ = PRINCÍPIO DUPLO GERANTE.

Obs.: na assimilação exterior, religiosa, aplica-se o sincretismo, ora como Linha de Nossa Senhora da Conceição, ora como de Oxum, ora como Povo d'Água, do Povo do Mar, etc.

3. *YORI*: é a Vibração ou Linha de Força Espiritual, na qual estão situados os espíritos cujo grau evolutivo alcançou esta Faixa Vibratória e cuja matriz-perispirítica ainda não *dissolveu* os caracteres psíquicos e atuantes infantis[10]. Segundo a Lei do Verbo, a Linha ou Vibração de Yori reflete e traduz: o Princípio em ação na Humanidade ou no Mundo da Forma. Pelo aspecto moral, este Princípio controla a Lei da Reencarnação. Pelo lado cósmico, controla a lei natural, para a Tríplice manifestação do Ativo-Passivo: o Produto do Duplo-Gerante. YORI = A POTÊNCIA DIVINA MANIFESTANDO-SE.

    Obs.: na assimilação exterior, religiosa, aplica-se o sincretismo, ora se diz como Linha dos "beijadas", dos "curumins", dos "ibejis", dos "dois-dois", e também de linha das crianças, dos "mabaças", etc.

4. *XANGÔ*: é a Vibração ou Linha de Força Espiritual, sob a qual estão situados todos os Espíritos que fazem executar a Lei Cármica pela aferição das Causas e que na Umbanda se apresenta como caboclos.

---

10 Na Umbanda se apresentam com o corpo-astral de criança; todavia, existem chefes de legião, que se diz como "encantados", porque, tendo os caracteres psíquicos de pureza infantil, jamais passaram pela forma humana... É um dos mistérios do astral...

É a Faixa Vibratória que dá assistência e formação direta aos Tribunais Inferiores do Astral[11].

Segundo a Lei do Verbo, essa Linha ou Vibração de Xangô reflete ou traduz: Movimento de Vibração da Energia Oculta – O Raio oculto – A Alma ou o Senhor do Fogo – O Dirigente das Almas... XANGÔ = O Senhor das Almas e do Elemento Ígneo.

Obs:. na assimilação exterior, religiosa, aplica-se o sincretismo, ora como Linha de S. Jerônimo, do Povo de Cachoeira, etc...

5. *OGUM* : é a Vibração ou Linha de Força Espiritual sob a qual estão situados todos os espíritos que controlam os choques conseqüentes da execução cármica, como cobranças e reajustes da Lei, dentro de seus *efeitos*. É a faixa que atende nas demandas da Fé, das Aflições, das Lutas Morais, etc... Na Umbanda se apresentam como caboclos.

   Segundo a Lei do Verbo, essa Faixa ou Vibração reflete ou traduz: a Luta Sagrada, o Fogo Sagrado. OGUM = O Fogo da Salvação ou da Glória.

   Obs.: na assimilação exterior, religiosa, usa-se o sincretismo e se aplica como Linha de S. Jorge.

6. *OXÓSSI*: é a Vibração ou Linha de Força Espiritual sob a qual estão situados os espíritos que se encarregam, particularmente (dentre outros afazeres), da ação doutrinária ou de catequese. Na Umbanda se apresentam sob a forma de caboclos e caboclas e dão, também, muita assistência aos males físicos e psíquicos.

---

11 Ver na 2ª parte as questões relacionadas com os Tribunais Superiores e Inferiores...

Segundo a Lei do Verbo, esta Linha ou Vibração de Oxóssi reflete ou traduz: Ação Envolvente ou Circular sobre os Viventes da Terra. Esta faixa vibratória ou espiritual usa muito o "prana" dos elementos vegetais, na terapêutica oculta.

Obs.: na assimilação exterior, religiosa, aplica-se o sincretismo, ora como linha de S. Sebastião, ora como o da Jurema ou dos Caboclos da mata...

7. *YORIMÁ:* é a Vibração ou Linha de Força Espiritual sob a qual se situam os espíritos que podem exercer uma ação geral sobre os viventes ou encarnados. É a Faixa Vibratória que acolhe os magos da Experiência, da Sabedoria. É o mestrado da Magia, envolvendo os aspectos da terapêutica natural e astral ou oculta. São os senhores do cabalismo, pela ação das "rezas" de força, etc. Na Umbanda, apresentam-se como espíritos de "pretos-velhos". Segundo a Lei do Verbo, a Linha de Yorimá reflete ou traduz: Potência, Ordem, Princípio Permanente. YORIMÁ = Potência da Palavra da Lei. Palavra Reinante da Lei.

Obs.: na assimilação exterior, religiosa, aplica-se o sincretismo: – ora se diz como Linha dos "Pretos-velhos", ora como dos Africanos, de São Ciprianos, das Almas (eguns), etc.

Cícero: – Uma pergunta vital, "pai-g...: – quando defines, por exemplo, "Vibração ou Linha de Força Espiritual de Oxalá, de Xangô, de Yorimá, etc.", e acrescentas "sob a qual estão situados os espíritos, etc.", o que se deve entender, claramente, por Vibração ou Linha?

Preto-velho: – Quando se diz Vibração Original é o mesmo que se identificar, assim, a Força Vibratória e cósmica de *um Espí-*

rito ou *Entidade Espiritual* que é SENHOR de um ou de vários elementos cósmicos e que está *acima* de Santos, Anjos, Arcanjos, etc.; é, enfim, uma Potência, uma Potestade. É o que se define, nesse *conceito interno* (ou esotérico) das 7 Vibrações Originais, as mesmas que os 7 ORIXÁS – esses mesmos que se podem definir melhor assim: como os 7 Espíritos Originais que, estendendo suas Faixas Vibratórias Espirituais sobre Legiões, Falanges, Agrupamentos de *espíritos*, por *afinidade*, FORMAM AS LINHAS... Então, *Linhas* são nada mais nada menos do que: as Legiões, as Falanges, os agrupamentos de seres, encarnados e desencarnados, que se movimentam sobre o beneplácito, a proteção ou a *ordenação* das Vibrações Espirituais dos ORIXÁS... Cada uma dessas 7 Linhas, é claro, está dentro de sua Faixa de Força Espiritual e afim (própria).

Agora "zi-cerô", o que deve ficar bastante claro é o seguinte: – quase todos confundem o exposto. O fato é que fazem confusão, colocando Santos da Igreja Católica como *chefes de linhas* ou das Vibrações Originais. Como vês, é absurdo... O Santo pode estar sob o comando da Vibração Original ou do Orixá, isto é, ter uma alta função dentro da LINHA, mas nunca comandar a dita Linha... Entendido? Satisfeito?

Mas, vamos ainda a um exemplo típico, quase "regra" das variadas classificações existentes sobre Linhas e que coordenam assim: "Linha de Xangô (do Orixá Xangô) que tem como *chefe* S. Jerônimo, etc., Linha de Ogum (do Orixá Ogum) que tem como *chefe* S. Jorge, etc."... Bastam esses dois casos para se ver que colocam os santos da Igreja Católica – S. Jorge e S. Jerônimo – como *chefes*, isto é, comandando os Orixás Xangô e Ogum...

Ora, essas Entidades foram canonizadas há menos de 2.000 anos e não obstante o fato de existirem como Espíritos de Luz, elevados, poderosos trabalhadores de seara do Cristo-Jesus, *não consta* que tenham sido elevados ou que estejam *acima* de Anjos, Arcanjos, etc., e muito menos de Potências ou Potestades...

De sorte que essa Entidade – por exemplo –, dita como S. Jerônimo, pode ser *um chefe de uma das sete legiões da Vibração Original de Xangô,* mas não o chefe espiritual de toda a Faixa Vibratória da Linha de Xangô. Bem como, essa relação ou confronto se aplica para o caso da Entidade dita como S. Jorge, que não é o chefe da Linha de Ogum, é sim, um chefe de uma de suas sete legiões.

Cícero: – Mais uma pergunta, relacionada ainda com Orixás e que considero ainda essencial, a fim de consolidar, por completo, o conceito sobre as 7 Linhas acima explanadas e que considero lógico, racional, científico, iniciático, etc... Esses 7 Orixás podem ser considerados como as 7 Potências Espirituais – Regentes, só do planeta Terra (de sua humanidade) ou também de todo o MACROCOSMO?

Preto-velho: – Considerando-se o Macrocosmo como o infinito-ilimitado Espaço-cósmico, *dentro do qual* existem sóis, estrelas, sistemas planetários, ou melhor, galáxias, vias-lácteas incontáveis, *seria* querer até ultrapassar a visão Cármica, Cósmica e Espiritual desses Regentes, *qualificá-los* como as 7 Potências básicas do MACROCOSMO...

Nos ensinamentos superiores do astral se aprende que essas 7 Potências – para nós os 7 ORIXÁS –, que no conceito de outros sistemas filosóficos ou religiosos tomam nomes diversos, assim como Serafins, Querubins, bem como os Devas, os Pitris-lunares, os Manus da Teosofia ou do ocultismo indiano, *são os* 7 SUPERVISORES CÁRMICOS, ESPIRITUAIS E CÓSMICOS de *nosso sistema planetário,* inclusive (é claro) do planeta Terra, com sua humanidade...

Assim é que devem ser considerados. Porque – convém "preto-velho" lembrar: – o nome ou os nomes diferentes, pelos quais se identificam Forças, Potências, etc., absolutamente, não altera a *razão de assim serem* ou de assim estarem constituídas...

E é dentro desse conceito que surge o nexo, a lógica, sobre a reafirmação de *outros* e deste "preto-véio" também, quando se aceita e se ensina que OXALÁ – o Cristo-Jesus é o REGENTE DI-RETO de nosso planeta Terra...

Ainda tenho a acrescentar o seguinte: – firmes, nessas diretrizes internas, os "caboclos, pretos-velhos, etc.", participam na concepção exterior ou mitológica dos agrupamentos umbandistas, com a sublime tática da compreensão que *merece o grau de entendimento de cada um*. Isso é feito com muito senso psicológico, com muita tolerância, com muita oportunidade, a fim de que certos fundamentos, certos esclarecimentos, sejam, gradativamente, introduzidos em sua consciência, principalmente a moral do Cristo-Jesus, as leis do Pai-Eterno, etc. Tudo isso se processa segundo a linha mestra traçada no *astral-superior* e própria para incrementar a evolução espiritual dessa coletividade umbandista...

Cícero: – Sem dúvida, satisfeitíssimo. Mais uma pergunta: em face desse conceito, desejo saber, oh! sábio "preto-velho", como se qualificam, no panorama de tantos e tantos "terreiros", as modalidades de "umbandas" existentes? Essa lei, essa corrente, esse movimento não obedece a diretrizes ou regras de *cima para baixo*?

Preto-velho: – Sim... Boa pergunta você me fez, oh! filho esperto... Neste panorama umbandista, você pode identificar, com a maior facilidade, três classes de umbandas praticadas...

A PRIMEIRA CLASSE é a que engloba o maior número de agrupamentos ou terreiros. Está puramente construída pelos seres humanos. É essa mescla rudimentar, confusa, de *cada um* fazer o seu "terreiro", seu ritual, segundo o seu entendimento ou a sua "sabedoria" sobre Umbanda, sabedoria essa baseada exclusivamente, no que *viu e ouviu* em outros "terreiros" similares, onde predomina o sincretismo afro-católico.

Esses ambientes nos dão muito trabalho de fiscalização astral – de cima – pois estão fortemente influenciados pelo *baixo-mundo astral*. Nesses agrupamentos, a doutrina é quase inexistente.

De Evangelho, quando alguém lhes fala, bocejam de tédio e indiferença. Não há quem faça a adaptação desses evangelhos a seus entendimentos, levando em conta seus *estados de consciência* – de ignorância dessas *coisas*; mas o incremento da luz prossegue, por *baixo* e por *cima*, firme e serenamente, enquanto eles se ocupam mais em tocar seus tambores e bater suas palmas.

A SEGUNDA CLASSE vem com menos volume de agrupamentos e se prende àqueles que são mais elevados, mais simples; desejam praticar Umbanda, pautada nos ensinamentos evangélicos, no que eles revelam de mais necessário. Para isso, apelam para a corrente dos "caboclos" e "pretos-velhos" afim de ajudá-los nesse mister. Fazem um ritual suave, sem palavras, sem tambores. Aproveitam a *força e a beleza de certos pontos cantados* ou hinos, que sabem serem de raiz.

Esse é um dos aspectos que aprovamos, dada a sinceridade de propósitos, desde que *não saiam* da faixa religiosa, doutrinária e mesmo de certa cautela com o lado fenomênico.

Assim, procuramos com paciência e até mesmo tentamos localizar algum possível aparelho ou veículo mediúnico e, por ele, fazer positivas incorporações para estabelecermos os Princípios ou Regras da Umbanda na teoria e na prática.

A TERCEIRA CLASSE, com uma quantidade mínima de agrupamento, é a que se identifica com *Ordens e Direitos de Trabalho*. Isso acontece quando temos ordem para agir sobre um legítimo aparelho ou médium. Aí, imediatamente estabelecemos esses citados Princípios e Regras da Umbanda, a par com a caridade que vamos praticando. Esse é o único aspecto ou classe capacitada a movimentar a terapêutica dita como natural e astral, dentro da magia positiva, sempre para o Bem comum e que se firma nos verdadeiros sinais riscados e já classificados como Lei de Pemba e sobre os quais voltarei a falar.

Agora, devo frisar o seguinte: o nosso contato – dos Guias e Protetores – com esses médiuns e aparelhos-positivos não se dá exclusivamente por via incorporativa. Fazemos e assistimos também, pelos que têm vidência, intuição, audição e gostamos muito de o fazer pelos de mediunidade sensitiva, os únicos que não podem ser enganados ou mistificados.

Cícero: – Desculpe, Pai-preto, queira repisar mais esta lição porque, em todos os aspectos ou classes, tenho visto coisas relacionadas com a magia. Em todas assisti riscarem pembas dessa ou daquela forma.

Preto-velho: – Bem, "zi-cerô", isso quer dizer que você notou com segurança as três discriminações que fiz. Pois é claro que essa primeira classe é a que mais trabalho nos dá, devido ao seu volume, quantitativo e qualitativo. Nela, os filhos, levados pela justa tendência de suas finalidades, entram na corrente de Umbanda ou resolvem fazer "umbanda".

Até aí, tudo certo, mas logo decidem praticar "magia de encenação", através do que têm visto fazer sob a forma de grosseiras oferendas e sacrifícios que envolvem e atraem forças do astral inferior, que passam então a dominá-los, visto eles não terem o conhecimento certo dessas *coisas*, mormente quando riscam pembas (por impulsos), desconhecendo completamente a expressão mágicas dos verdadeiros sinais riscados, causando assim, plena confusão de sinais ou signos, idêntica confusão na corrente mental e astral que por força de *tudo isso* está formada ou se forma, devido às atrações ou afinidades que vão imperar.

Na segunda classe, mesmo dentro da sinceridade, dos bons propósitos, contando até com filhos estudiosos, muitos egressos de outras correntes ou religiões, são inúmeros os filhos que de repente se empolgam e fogem do ângulo religioso, doutrinário, começando também a praticar certos atos que pretendem ser de magia, por conta própria, embora em plano mais suave que os primeiros. Ora, se eles não estão ordenados ou mesmo capacitados para tal fim, se eles não têm o conhecimento que o assunto requer e ainda sem o beneplácito ou a garantia dos Guias e Protetores, para isso, o que pode acontecer? São logo envolvidos pelas forças relacionadas e invocadas que, não encontrando *elementos de garantia* neles, tomam o campo, incentivam-lhes a vaidade latente, dessa ou daquela forma, atacam um ponto fraco qualquer... e... lá vem mais atividade para nós, mais fiscalização etc.

Em pouco tempo esses bons filhos criam o seu "cascãozinho", que enrijece tanto, a ponto de vedar seu consciente à luz da humildade imprescindível ao bom umbandista.

Oh! eterna vaidade, filha da ignorância!!! Até quando persistirás no inconsciente das criaturas, retardando sua evolução?

Cícero: – E a terceira classe, preto-velho, também dá trabalho?

Preto-velho: – Claro, "zi-cerô". Infelizmente, muitos, dentro das prerrogativas do livre-arbítrio, também se *extraviam*.

E como já falei das condições negativas que existem ou que atuam, quer na primeira classe, quer na segunda, devo, embora com tristeza, citar que, nessa terceira classe, acontecem também graves fracassos, com esses aparelhos que recebem Ordens e Direitos de Trabalho...

Esses aparelhos (ou médiuns), meu filho, quando se *extraviam* ou melhor, quando baqueiam, quase sempre acontece por *causas morais*. Não vou esmiuçar essas causas... Apenas afirmo que esses são os que mais sofrem – depois da borrasca. Sofrem dolorosamente, porque os seus dramas morais mediúnicos são relembrados por eles a todo o instante, ativados pelo *remorso* e, especialmente, quando reconhecem, *conscientemente,* que perderam os contatos positivos de seus antigos Guias ou Protetores.

Eles – que foram médiuns de fato – lutam desesperadamente para reaver os fluidos perdidos, isto é, a proteção de seu caboclo ou preto-velho, etc... No entanto, nada...

Então, dá-se um fenômeno curioso, que confunde a eles mesmos ou, melhor, os martirizam mais ainda, porque os deixam sempre nas *eternas dúvidas*. É o seguinte: – das antigas incorporações positivas, precisas, ficou, não resta dúvida mesmo, uma série de *reflexos psíquicos condicionados* ou de neurossensibilidade.

Esses reflexos neuropsíquicos ficaram *impressos* em seus centros nervosos ou sensitivos, no grupo de células que mais receberam a influência ou a ligação desses citados e antigos contatos mediúnicos de seus protetores. Daí, sempre que, por um processo de associação mental ou psíquica, quando pela concentração ou mentalização, esse grupo de células revive ou externa seus reflexos ou as impressões sensoriais que guardou dos ditos antigos contatos vibratórios que, realmente, recebiam de uma Entidade. Assim é que os pobres "médiuns" pensam, por via disso, que ainda têm os fluidos do "caboclo ou do preto-velho"...

Porém, eles sentem que a *coisa* se reflete – mas não é tal e qual era. Até pensam que estão apenas com a "mediunidade enfraquecida"... E haja preceitos e haja velas para o Anjo de Guarda... Coitados... terríveis dilemas os assaltam. Dúvidas cruciais os atormentam... Será mesmo ou não?

Assim, quase sempre, dentro de duríssimas vaidades ou de um amor-próprio sem razão, vão imitando, pela prática ou por via desses citados reflexos psíquicos condicionados, o modo de apresentação das entidades que os assistiam no passado. Não confessam a ninguém os seus dramas mediúnicos... e acreditam que os outros não percebam o *fracasso*... Como se enganam!... Os *outros* já perceberam sim. Chegam até a ironizar deles, comentando: "Fulano é duro não quer dar o braço a torcer"...

E, geralmente, devido às condições em que *caíram*, entram em distúrbio, isto é, suas antenas mediúnicas que já *saíram* daquela tônica da antiga positividade, passam a dar contatos com espíritos atrasados e aproveitadores que, por essas antenas irregulares, *entram em sintonia.* Que fazem esses espíritos atrasados? Passam a influenciá-los, em nome dos protetores tais e tais. Aí é que a coisa toma um aspecto lamentável.

São envolvidos, a vaidade incentivada, etc. Então, passam a ter cismas diversas, desconfianças de toda a ordem, "intuições" atravessadas, fazem consultas erradas, predições falsas, etc. Que fazer? A maioria continua nesse roteiro de incerteza, erros e angústias. Porém, um ou outro consegue reabilitação. Cai na meditação, na oração, num sincero arrependimento, etc. Recompõe-se na parte moral mediúnica. Entra na faixa da humildade, da tolerância e da compreensão e, certo dia, vê surgir nova aurora espiritual. Surpreso, presa de doce emoção, chorando até, constata a presença *viva, atuante,* dos verdadeiros contatos mediúnicos dos antigos protetores. Ele foi perdoado e recebeu a volta deles... Santo Deus! Somente os que passaram por isso sabem dar o valor a essa reintegração mediúnica.

Todavia, "zi-cerô", não confunda esse caso de médiuns fracassados, com os daqueles que tombam, exaustos pelo entrechoque das lutas astrais e humanas, em defesa de um ideal – numa missão de esclarecimento e de verdade. Esses são amparados, jamais abandonados e curados de suas cicatrizes, para se reerguerem mais fortes do que dantes. Recebem o prêmio pelo esforço despendido, enfim, por todos os sofrimentos que passaram pelas traições e infâmias que perdoaram, quando lhes é dada a verdadeira Iniciação pelo astral e lhes confere o sinal, pelo selo dos Magos que surge na palma de suas mãos, a demonstrar-lhes que, de fato, "somente a verdade ficará em pé"... É filho meu, para que dizer mais? Bem para a frente dessas lições, voltarei a falar de assuntos semelhantes...

Cícero: – Então, preto-velho, não obstante todos esses percalços, temos que admitir, claramente, que a Umbanda não deixa de ser um poderoso movimento religioso, uma autêntica religião, não é?

Preto-velho: – Sem dúvida, "zi-cerô". Como Religião, ela se firmou logo pela parte mística, pela incrementação do sentimento de religiosidade latente nos seres. Nosso trabalho consiste em fazê-los compreender, progressivamente, as leis do Pai-Eterno que chamam também de Criador, reafirmando que todos precisam de pôr-se em relação com Ele...

Tudo isso vimos fazendo de há muito. Sentimos muito a variação dos rituais, dentro dos quais os filhos estão arraigados. Temos que nos conformar – caboclos, pretos-velhos, etc. – com essa situação, mas sempre que podemos influir diretamente vamos modificando-os... para melhor.

Tudo isso, repito, tende a conduzir os filhos-de-fé a Deus Uno, através de Jesus, o nosso Oxalá, como as supremas expressões visadas através de todo esse cortejo de Orixás, Santos, Guias, Protetores ou "caboclos, pretos-velhos", etc.

Sim, não há que negar a existência desse aspecto puramente religioso. No entanto, a par desse, existe o lado *interno* ou *oculto* do movimento. Este lado já fez revelar seus aspectos filosófico, mágico ou melhor, teúrgico, astrológico, terapêutico, fenomênico, etc.[12].

Não poderei falar, entretanto, mais nada sobre o *conteúdo* da Umbanda, sem relembrar nosso conceito simples e direto quanto aos Evangelhos, Jesus e Deus-Pai, em face dessa mesma Umbanda.

Cícero: – Viva Deus, meu bom "preto-velho", como agradeço-lhe isso, pois quando li "Umbanda de todos nós" meditei seriamente sobre um trecho que vou citar: "Devemos deixar paten-

---

12   Ver "Umbanda de Todos Nós" e "Sua Eterna Doutrina", do autor...

te que as Entidades da Umbanda, além de todo o exposto, dão, como "pão de cada dia", a mesma doutrina, os mesmos princípios morais que norteiam os Evangelhos do Cristo, bebidos nas primitivas fontes, onde foram os primeiros a dessedentarem-se".

Preto-velho: – Correto, filho. Para que se dê ou se ensine a pura doutrina de Nosso Senhor Jesus Cristo, não é imprescindível que se tenham na mão os livros atribuídos a Ele, citando trecho por trecho, capítulo por capítulo. Sei que esses Evangelhos, escritos por *terceiros*, ou seja, segundo Marcos, Mateus, Lucas, etc., surgiram dezenas de anos após a passagem do Cristo pelo planeta Terra e estão cheios do que chamam de contradições, interpolações e mesmo de adaptações *segundo* as conveniências religiosas da época e das que sucederam. No entanto, "preto-velho" respeita e prega o respeito aos citados Evangelhos, mas prefere ensinar deles *aquelas* regras ou *princípios* morais-espirituais que *realmente* traduzem a *Palavra* do Cristo, porque foram estabelecidos ou ensinados por Ele mesmo, desde que se iniciou o 5º ciclo cármico[13] nas primitivas fontes iniciáticas, religiosas, sacerdotais, etc.

Sempre existiram, enfim, nas antiquíssimas "Academias" ou ditos como "Colégios de Deus", praticamente caídos no esquecimento pelos véus da História ou mesmo da chamada *tradição iniciática*.

Em suma: os preceitos fundamentais do Cristo-Jesus, que são as leis eternas de Deus-Pai, já tinham sido implantados e podem ser até identificados, em sua essência ou natureza, nos ensinamentos contidos nas obras sagradas de vários povos ou raças, milhares e milhares de anos antes que surgissem os Evangelhos e mesmo a Bíblia.

A doutrina de Jesus, tão antiga quanto as Eternas Verdades, jamais foi privilégio ou monopólio de uma religião ou de uma raça. Ela

---

13 Ver o conceito oculto relacionado a esse assunto no capítulo 1º (Das Hierarquias-Constituídas) da obra "Sua Eterna Doutrina", do autor.

sempre foi revelada, em todos os tempos, de todos os modos, pois é infantil conceber-se que, somente há 2.000 anos, essa doutrina tivesse surgido, com o meigo Jesus, que teve o cuidado de afirmar não vir ab-rogar a Lei, e sim, confirmá-la... E ainda disse mais: – "a minha doutrina não é minha, mas Daquele que me enviou" (João, VII, 16).

Dos Evangelhos, então, segundo aqueles que os escreveram e que deram margem a tantas dúvidas ou interpretações quanto ao sentido ou autenticidade *disso* ou *daquilo*, surgindo até *cisões* – oh! filho meu – é inegável, é incontestável a moral crística. Não seria necessário repisarem tanto esses Evangelhos, se todos quisessem abrigar lentamente em seu coração o "amai-vos uns aos outros tanto quanto eu vos amei"...

Nisso está contida a suprema-moral e o verdadeiro caminho. Devo assinalar, todavia, e recomendar para que se ensine, lembrando, tanto quanto possível, a beleza espiritual e a sublime humildade do sermão da Montanha e sobre o qual todos os umbandistas sinceros precisam meditar. Ei-lo: "Bem-aventurados os pobres de espírito, porque deles é o reino dos Céus; Bem-aventurados os que choram, porque eles serão consolados; Bem-aventurados os mansos, porque eles herdarão a terra; Bem-aventurados os que têm fome e sede de justiça, porque eles serão fartos; Bem-aventurados os misericordiosos, porque eles alcançarão misericórdia; Bem-aventurados os limpos de coração, porque eles verão a Deus; Bem-aventurados os pacificadores, porque eles serão chamados de filhos de Deus; Bem-aventurados os que sofrem perseguição, por causa da justiça, porque deles é o reino dos céus; Bem-aventurados sois vós, quando vos injuriarem e perseguirem e, mentindo, disserem todo mal contra vós, por minha causa" (Mateus, 5, 6, 7).

E ainda: "Não façais a outrem aquilo que não quereis que vos façam..."

"Perdoai 70 vezes 7".

"Fora da Caridade, não há salvação".

Preto-velho acha, "zi-cerô", que isso é a essência fundamental de tudo. É o bastante. Encerra o todo. Quanto ao mais, são variações. E são esses preceitos morais-espirituais, que os Guias e Protetores – esses "caboclos e pretos-velhos", vêm ensinando, nas adaptações simples e diretas, criando *imagens* e exemplos que possam ser impressos vivamente na mentalidade dos que ainda custam a absorver até o sentido simples da letra, quanto mais o sentido oculto ou profundo.

Pai-preto aconselha a se fugir, tanto quanto possível, dessa repetição, incessante, quase mecânica, incisiva, comumente empregada por aqueles que pregam ou doutrinam. Muitos o fazem, quase sempre, de forma *contundente*, como a exigir que a natureza espiritual dos indivíduos dê saltos repentinos no entendimento... Não! A maioria das criaturas está situada em certos graus de entendimento ou de alcance, cuja *fórmula absorvível* de doutriná-la tem que sair de um "figurino". Tem que haver uma introdução, uma *adaptação*, que dependerá de um trabalho psicológico a ser feito com muita paciência e tolerância.

E é assim, "zi-cerô", que nós fazemos, nós, espíritos que militamos na Umbanda, procuramos introduzir, de mil formas, esses princípios essenciais na mentalidade de nossos "filhos de terreiro", sempre que temos oportunidade, sob a forma de um conselho, de uma advertência, de um exemplo qualquer etc. Quando essa coletividade umbandista atingir certa maturidade espiritual, por certo que os Evangelhos, assim como outras obras, serão comentados sem os *véus* e sem as humanas interpretações...

Todavia, devo ressalvar que existem alguns *terreiros*, nos quais já começaram a fazer isso para os mais adiantados. Tudo deve ser pautado de acordo com o grau de entendimento das criaturas...

Cícero: – Muito bem, "Pai-preto"... Realmente, esses são os preceitos evangélicos que enfeixam tudo. Fora deles não há salvação, porque apontam o caminho da evolução, pela compreensão das leis do Pai, por intermédio de Jesus – o Oxalá de nossa Umbanda.

Preto-velho: – Isso mesmo, filho... Penso que você interpretou bem a questão que expus. Agora, resta-me definir melhor a posição de Jesus, em face do conceito genuinamente umbandista...

Creio e ensino que Nosso Senhor Jesus Cristo é o Regente Superior, cármico, da Humanidade – digamos melhor, de todos os seres encarnados e desencarnados, que têm no planeta Terra seu "campo experimental", evolutivo... Está em Suas divinas mãos o leme do destino dessa mesma Humanidade que está entrando no seu 5º Ciclo Cármico. Para isso, Ele veio revelar essa Regência, diretamente, quando, há 2.000 anos, se fez identificar como Jesus, testemunhando pelo sacrifício da cruz, toda sublimidade, toda renúncia, todo amor do grau crístico que Lhe é próprio.

Existem, "zi-cerô", tantas interpretações sobre a individualidade do Cristo-Jesus, quantos são os entendimentos nas Escolas filosóficas, nas Religiões, etc. De um lado se diz que o Cristo se apresentou na Terra, em "corpo fluídico"; de outro, que encarnou mesmo, num corpo físico (o de Jesus – filho de Maria); de mais outro, que o Jesus era, apenas, o médium do Cristo, assim como outros Profetas, no passado, também foram médiuns diretos seus; de mais outro lado ainda, se afirma que Ele sempre reencarnou nos diferentes ciclos cármicos de uma raça ou de outra, a fim de *relembrar* a Lei do Pai, de vez em quando completamente postergada. E ainda se diz, também, que o Jesus teve carma-evolutivo, igual ao nosso, passando por todas as experiências as quais nós vamos passando, etc., até quando atingiu o seu grau crístico (ou cristófilo, segundo outros...). E ainda não é só. Também se prega que Ele é o filho único, *exclusivo*, do Pai-Eterno... como se o Pai o "criasse" como uma exceção suprema, sobre todos os demais Seres Espirituais Superiores ou Potências Divinas...

No entanto, este "preto-velho" reafirma e ensina o seguinte: – O Cristo, identificado como Jesus – filho de Maria, jamais teve carma-evolutivo ou condicionado, conforme o nosso, que está ligado à Natureza, à roda das sucessivas encarnações...

Como se entender isso melhor? Assim... Aceito a existência de Duas Linhas de Ascensão ou de Evolução para os Espíritos. Uma, *independe* de matéria ou energia-massa. *Esta é a Linha de Evolução Original.* Tem sua ação nas infinitas regiões do *espaço cósmico* (infinito e ilimitado), onde a sua natureza é o *neutro*, isto é, o puro espaço-cósmico, *vazio* de galáxias, de sistemas planetários, ou melhor, onde não existe um só corpúsculo de energia natural, própria ao que se entende como energia cósmica, na Física, etc.

Nestas regiões, os Seres espirituais seguem a sua Linha de Ascensão ou de Evolução, dentro, naturalmente, de um ritmo próprio, com aspectos diferentes desse carma-humano. Essa Linha Original é supervisionada pelas suas Hierarquias Constituídas.

Agora vem a *segunda* Linha de Evolução ou de Ascensão (diria melhor: de reascensão). Essa *depende* de matéria ou de energia-massa, isto é, de galáxias, de sistemas planetários, etc. Essa é a nossa Humanidade, que se aglomerou sobre o planeta Terra.

Foi da *primeira Linha*, que *descemos*, para a *segunda*.

Pois bem. O Cristo-Jesus, é claro, também veio da *primeira* porém, já com o seu grau crístico, de sua Hierarquia... Ele foi enviado pelo Pai-Eterno, para socorrer e guiar a nossa Humanidade – essa mesma formada pelas legiões de espíritos que no *princípio das coisas* (antes de se formar o planeta Terra), *desceram*, espontaneamente, a essa zona cósmica, onde matéria ou energia-massa tem *domínio*...

Cícero: – Pai-preto, sendo esse assunto transcendental, podes focalizá-lo mais um pouco, para melhor clareza de meu entendimento?

Preto-velho: – Sim, posso, pois vejo que o desejas... Atenta: – Todos os espíritos que formaram essa Humanidade (encarnados e desencarnados) *desceram*, de livre vontade, à região ou a essa zona eletromagnética, onde, depois, se formou o atual planeta Terra, das infinitas regiões do espaço, onde não existiam e nem existem planetas ou corpos celestes, etc., já o disse: Isso porque, lá, nessas infinitas regiões, nem uma só partícula de energia, própria ou que já se distingue como da natureza-natural, tem domínio ou penetração[14].

Nessas regiões – do espaço cósmico neutro – só habita uma Realidade e essa são os Seres Espirituais, isto é, os Espíritos, em suas próprias condições de pureza, ou seja, completamente isentos de quaisquer veículos formadas por essa dita energia cósmica.

Habitam, digo eu, porque é onde têm sua Linha de Ascensão Original ou seu Reino Virginal. Aí, repito, não existem veículos físicos nem astrais ou fluídicos. No entanto, num certo instante-luz da eternidade, resolveram *descer* a essas citadas regiões, onde a Natureza cria formas, revela qualidades, etc.

Fizeram assim, usando do livre-arbítrio, que foi a percepção própria de suas consciências, reveladas por Deus, que permitiu essa *descida*, em virtude de, dentro de sua infinita perfeição, jamais cercear a livre manifestação da vontade ou da idéia, que traduz afinidades virginais dos Seres espirituais...

Portanto, vendo a Sabedoria Divina que essas *legiões de espíritos* – que somos nós, encarnados e desencarnados de agora – tinham *descido* e já estavam *envolvidas* pela poeira atômica (que digo também como a energia una, homogênea, matriz das demais), já sujeitas a seus turbilhões, próprios de sua natureza, já enfrentando novas condições, devido a esse contato e condições essas que desconheciam ou ignoravam antes, *constatou* assim que essas lições se *de-*

---

14   Ver a tese científica, filosófica, em "Sua Eterna Doutrina"...

batiam num caos, tal a confusão que o dinamismo de suas próprias vibrações espirituais causaram por *acréscimo* nessa dita natureza, que hoje em dia é chamada pela ciência da Física, de energia-massa ou matéria...

Era mesmo o caos – o *princípio* de que nos fala a Bíblia. E foi em conseqüência disso tudo que a Sabedoria Divina ou Deus-UNO enviou, da Hierarquia Crística ou Planetária, vários ESPÍRITOS PUROS a fim de *reajustar* essas legiões de espíritos, que se debatiam às cegas, dentro dessa nova condição, nesse caos, que seria, como foi e é, um novo "modus-operandi" ou "campo experimental", bem como, pela necessidade que surgiu de reorganizá-las (a essas legiões), ainda dentro de um *novo carma.*

Dentre esses Espíritos Puros se encontrava o Cristo-Jesus, nosso Regente máximo, nesse 5º Ciclo Cármico[15], conforme já disse antes.

Nesse Ciclo se darão profundas transformações nesta Humanidade, sob todos os aspectos...

E que estas elucidações deste "preto-velho" não te deixem muito perplexo, oh! "zi-cerô"! Olha! Quando essa atual Humanidade estiver no meio deste 5º Ciclo, daqui a milhares e milhares de anos, *estará* em tal estado de adiantamento espiritual que *as concepções de hoje,* as mais profundas é claro, lhe parecerão tão infantis, que não há exemplos a dar, a fim de comparar. Como exemplo de relação, fica sabendo que existem planetas habitados por Seres Espirituais em tal estado de adiantamento, em tal grau de evolução que, para eles, as nossas mais altas aquisições filosóficas, científicas, religiosas, sociais, etc., são etapas superadas há milhões de anos e que a lembrança disso tudo apenas consta em seus arquivos astrais. É preciso considerarmos como justa verdade, já firmada por Enti-

---

15 Segundo várias Escolas iniciáticas, estamos entrando nesse 5º Ciclo...

dades luminares de outras correntes, que o nosso planeta Terra, isto é, sua Humanidade, é uma das mais atrasadas, sob todos os aspectos, dentro desse ilimitado panorama cósmico espiritual...

Então, "zi-cerô", de acordo com tudo que foi dito, é fácil compreender por que, na Umbanda, JESUS – o nosso meigo Oxalá, é considerado como o Deus do planeta Terra.

Todas as Entidades, trabalhadores espirituais de sua seara, não importa sob que forma ou aspecto, trabalham, incansavelmente, para implantar suas leis, sua doutrina no coração dos filhos-de-fé...

Tendo definido, portanto, essa questão, dentro de certos limites, "Pai-preto" pede, neste instante, humildemente, um "agô" para manifestar seu pensamento sobre o Pai-Eterno...

"Preto-velho" concebe o Pai-Eterno como a Suprema e Imaculada *Realidade*, única que paira ou que está acima de todas as outras *realidades*. Concebe ainda que essa Realidade-Una, que se diz como Deus, é o Amor-Consciência e inteligência Sublimados que se manifestam como totalidade, como um Todo, do qual participamos, por via dessa mesma manifestação em *nós*, quando nos revelou – pela percepção consciente de nós mesmos, que também temos esses mesmos Princípios (amor-consciência-inteligência), como condições intrínsecas de nossa *razão de ser* ou de existirmos como espíritos, encarnados ou desencarnados. A *Ligação* de Deus em cada um de nós, portanto, encontra-se, invariavelmente, através desses *princípios citados*.

Isso porém, não implica em que o Deus participe *diretamente* em nosso *livre-arbítrio*, quanto ao *uso e abuso* que fizermos desse Poder ou dessa faculdade, como manifestação consciente de nossa vontade, pois, se assim participasse diretamente, teríamos de atribuir a Ele a paternidade desse livre-arbítrio e conseqüentemente, os erros que cometêssemos por força desse poder ou dessa faculdade, negariam a onisciência do outorgante.

Assim, não é, como induz o *sentido comum* ou vulgar, embora a questão seja altamente filosófica, profunda ou complexa. O chamado livre-arbítrio é condição própria à Consciência, à Inteligência do Espírito. Não nos foi dado nem "criado" por acréscimo. Todavia não tenho alcance para definir a sua origem real porque ela é tão eterna quanto nós mesmos. E quem pode definir ou alcançar a origem da eternidade? Somente o Pai-Eterno.

"Zi-cerô", filho meu, não se assuste: "preto-velho" terá que filosofar alto assim, de quando em vez, pois não posso simplificar muito essas lições, porque assim, estarei limitando muito o pensamento.

Cícero: – Bem, bem, meu bom "preto-velho", confesso que sua explicação é profunda e noto que não empregou o termo criar, tão usado para a assimilações comuns nesses assuntos. Tem alguma razão para isso?

Preto-velho: – Sim. Reconheço que muitos dos ensinamentos que estou dando e vou dar fogem bastante do que você qualifica de assimilação comuns.

Deve compreender que em certos esclarecimentos importantes, não devo nem posso vulgarizá-los. De fato, o termo criar, conforme as interpretações religiosas ou comuns e ainda a par com o sentido que os dicionários lhe emprestam, prende o pensamento a um círculo de penetrações limitadas. Age sempre como uma espécie de atemorizador, sobre o qual todos se esquivam, têm medo de raciocinar, porque pensam que estão ofendendo a Deus, quando duvidam da elasticidade ou da pobreza do termo *criar*, que se traduz como extrair do *nada* e se vê que o nada é o *não-existente*, só existe nas letras desses dois termos.

Toda manifestação do pensamento, baseada no *sentido* comum ou religioso, que pretendem emprestar a esses termos *criar, do nada, do não-existente*, cai num *vazio*, cai no decantado "mistério" das religiões, o qual parece que foi empregado para rechaçar os raciocínios. É, ou não, contundir o pensamento, limitando-o sempre a esse *vazio*, do *não-existente*? É, por isso que não uso o termo criar, porque ele nos leva a isso e mesmo porque estamos com a afirmação atribuída a Jesus: "Buscai a verdade que ela vos libertará, Libertar de quê? Dos entendimentos amarrados, cerceados, acorrentados a termos convencionais, humanos...

NOTA DO AUTOR: E com essas últimas palavras, o "preto-velho" despediu-se de "zi-cerô", dando por finda essa longa consulta, em virtude de já sentir seu aparelho dando sinais de cansaço, pelo sistema nervoso sensorial e mesmo porque já tinha sido "balançado" por sua "Entidade de Guarda", que estava vigilante.

Tudo ficou para a próxima reunião. Antes de subir, porém, determinou que assim que o aparelho voltasse a si, lhe dessem certa composição de sucos de frutas, um excelente restaurador de forças nervosas despendidas.

Preto-Velho Fala dos 7 Veículos do Espírito • Do Cérebro Anímico • Do Núcleo-Vibratório Propulsor Intrínseco ao Espírito • Dos 7 Núcleos Vitais Originais • Dos 3 Organismos Essenciais • O Mental, o Astral e o Físico, em Relação com a Matriz-Perispirítica ou Astral • Dos Tribunais Superiores e Inferiores em Face do Carma Individual e grupal.

*C*ícero: Saravá sua boa-vontade, meu bom "preto-velho". Este seu filho aqui está, como sempre, esperando suas lições...

Preto-velho: – Este "véio", hoje, vai falar difícil. Vou abordar esclarecimentos internos, pois há necessidade disso.

Cícero: – Está bem, "preto-velho". Quem quer aprender tem que sair da preguiça mental, tem que puxar pelo raciocínio, pelo estudo.

Preto-velho: – Essa questão de se definir ou denominar os seres desencarnados como espíritos, está mal situada, "zi-cerô"...

Também o faço assim, porque todos o fizeram e esse hábito está muito arraigado. No entanto, o ser que desencarna, livrando-se do corpo físico apenas, não vai ficar livre de outros veículos, isto é, não fica em sua condição de origem, de espírito puro. Não firmarei doutrina a respeito, todavia, porque iria baralhar os entendimentos já acostumados na classificação genérica.

Assim, devo situar a questão dizendo que o espírito puro (sem nenhum veículo), esse desconhecido, ao tomar contato com a natureza matéria ou energia-massa, teve que *construir*, para seu uso e adaptação a essa mesma natureza, 7 veículos. Um vai ser denominado de "corpo" psíquico, somático-carmânico, de *ligação indireta*, que existe em relação ao Ser, quer encarnado, quer desencarnado; 4 (que vão ser denominados, pela ordem, como: – "corpo" ou alma do espírito, "corpo" mental, corpo-astral puro e "corpo" ou elemento-vital) que são fixos, efetivos, quer no desencarnado, quer no encarnado; 2 (que vão ser denominados de condensador-etérico e corpo denso ou físico) que são ligados no ser, somente quando encarnado.

Porque o espírito não é veículo de coisa alguma, a não ser do Verbo de Deus-Pai. Tentarei simplificar esse tema da melhor maneira possível, usando de alguns termos, já convencionados em outras Escolas e Correntes.

Cícero: – Qual é esse *um*, dito como de ligação *indireta*? Porque isso me surpreende completamente, visto jamais ter lido a respeito de 7 veículos, excluindo o espírito, em toda literatura considerada esotérica ou oculta, a não ser na obra "Sua Eterna Doutrina"...

Preto-velho: – Sim. De fato, essa quantidade de veículos surpreende. Mas é, "zi-cerô", a questão fundamental do 1 mais 7 e nunca do 1 mais 6 = 7; pois, o espírito está fora de qualquer transformação de energia natural em estados, por mais sutis que esses sejam.

Vejamos o caso: – esse *um*, dito como de ligação indireta e que já ficou denominado como o seu "corpo" psíquico, somático-carmânico, é o primeiro veículo. É composto de certos estados ou combinações da *substância-una*, essa que é composta de partículas ou dos corpúsculos primordiais, antes de se consubstanciarem em átomos propriamente ditos. É o "corpo" de aferição de causas e efeitos – o seu regulador.

Não tem ligação *direta* com o espírito encarnado ou desencarnado, salvo casos especiais[1].

Cícero: – Por que os chama de regulador de causas e efeitos?

Preto-velho: – Esse somático, filho, como frisei, tem ligação essencial com o ser ou criatura, porém está afastado dele. Existe como seu arquivo-astral cármico em determinada zona cósmica e circunscrita à faixa vibratória do planeta Terra. Esta zona com esses "corpos" ou arquivos astrais estão sujeitos à fiscalização dos Tribunais Superiores Espirituais, os mesmos que em outras Escolas são chamados de Tribunais dos Senhores do Carma, mas, por isso mesmo, não deixa de ser um veículo de ligação cármica, é claro. É através desse "corpo", dessa "placa fluídica", que se processam as imantações ou os registros das aquisições positivas e negativas das criaturas, que vêm pela corrente eletromagnética, e age como canal natural das vibrações próprias a essas criaturas, plasmando, imprimindo ou arquivando as variações do seu carma, pela soma das ações ou da evolução que alcançou em cada encarnação, ou seja, decorrente de cada personalidade.

---

1 Esse caso especial é quando um Ser (assim como o dito como Nirmanakaya ou nossos Orixás-intermediários), estando desobrigado de seu carma individual inerente às reencarnações, deixa de plasmar neste duplo-astral somático, as ações e reações provenientes de personalidades humanas, pois junta-se a esse corpo, que passa a ser o *veículo-próprio* para lidar na linha de Ascensão que depende de Matéria, até a hora da imigração, pois que, de todos os outros veículos já se "despiu", isto é, de todos que usou na Ronda das Encarnações, inclusive o que foi corpo causal dito como elemento formativo de sua alma... até este desaparece, visto ter desaparecido com sua última personalidade. Caso queira cumprir missão espontaneamente ou por determinação das Hierarquias Constituídas, procede às imantações ou apropriações de "elementos" em torno deste – a fim de descer ao astral inferior...

Cícero: – Segundo entendi, a corrente eletromagnética é o canal, isto é, o veículo por onde são canalizadas as vibrações próprias dos espíritos que vão dar nesse "corpo" ou nessa placa fluídica, onde se imprimem ou se arquivam, não é? Mas que vibrações são essas?

Preto-velho: – Digo vibrações, porque não tenho outro termo para definir essa energia, essa força própria da natureza espiritual, que parte do núcleo consciente ou inteligente do dito espírito, sob a forma de idéias, vontade, afinidades, e que se transformam em pensamentos e daí em ações mentais e físicas que, por certo, têm que ser canalizadas pelos veículos naturais, já próprios de energia-massa ou matéria, seja ela na forma de sólidos, líquidos, gasosos, fluídicos, etc. E é assim que se firmou a regra do "nada se perde, tudo se transforma" (Lei de Lavoisier).

Vê-se então que o "nada se perde" se aplica a qualquer coisa que vibra e, vibrando, existe. O "tudo se transforma" aplica-se ao que "não se perde". Sofre adaptações, cai na atração da lei natural, busca seus elementos afins. Enfim, tudo é regulado dessa ou daquela forma. E não se esqueça de que há também uma regra oculta no que tange ao concerto cósmico: "tudo no universo é medido, pesado e contado".

E não poderia deixar de ser, pois não se compreenderia a existência das leis cósmicas e morais sem as ações ou condições regulativas... Seria o caso de vermos o planeta Terra sair de sua órbita eletromagnética.

Vamos ao 2º Veículo que é realmente o primeiro que o espírito imanta em si, e vou defini-lo assim: "Corpo" ou Alma do Espírito é a primeira expressão essencial imantada ou de objetivação direta. Composto da mesma substância-Una, em combinações de elementos primordiais *formativos de alma*, que passa a ser substância-psíquica, "invólucro" sutilíssimo da individualidade latente ou Consciência real. Pode ser denominado como o verdadeiro corpo

Causal... sendo como é, *o primeiro* plasmador ou condensador das vibrações diretas do espírito.

Do 3º Veículo: – Corpo Mental ou 2º aspecto de alma-pensamento de ligação-humana direta propriamente dita, expressão manifesta da exteriorização. Aspecto mais objetivo da substância-Una, ainda antes de consolidar átomos, propriamente ditos. Sede eletiva do raciocínio. Transmissor das vibrações-pensamento. Plasmador de Personalidades...

Do 4º Veículo: – Corpo Astral puro – terceira expressão manifesta ou constituída. Sede ou transmutador de sensações, desejos, paixões, etc. Influenciador direto do sistema nervoso central e vago-simpático. Ainda é composto de combinações da substância-una – de dinamizações mais "grosseiras"; porém, não dos citados átomos. Grande mediador dos três princípios de ligação-direta (inclusive ele). É conhecido como perispírito. É o canalizador das vibrações mentais para os veículos inferiores, ou seja, para os órgãos físicos. Este veículo não interpenetra, nem envolve diretamente o corpo físico conforme seu similar – o Condensador etérico. Está sempre *oblíquo à esquerda*, numa variação de 7 a 49 centímetros do "centro físico". É o que se desprende, de acordo com os estados de sono, transe, etc.

Do 5º Veículo: – "Corpo" ou Elemento Vital. Expressão absorvida ou de *coesão* vital manifesta. Diz-se também como Prana, Jiva, Fluido-ódico-Fluido nervoso, Nêurico-irradiante, etc...

Do 6º Veículo: – Condensador Etérico ou Corpo-astral grosseiro. Estreitamente ligado ao corpo denso ou físico. É composto de átomos. Diz-se como Duplo Etérico também. É o catalisador essencial da energia-vida ou *prana* para o corpo físico. Este se decompõe tal e qual o denso. É pela atração do corpo-astral verdadeiro ou puro, devido à aquiescência consciente ou não do Espírito, neste *condensador-etérico*, que se processam os fenômenos físicos da mediunidade. É ele que faculta a mecânica da incorporação propriamente dita... Este "morre e nasce", tantas vezes quanto um físico.

Do 7º Veículo: – Corpo Denso ou Físico propriamente dito. Expressão constituída, concreta: composto de agregação de átomos ou moléculas dos sólidos, líquidos e gasosos ou seja de milhões e milhões de células...

No entanto, "zi-cerô"; como esses 7 veículos são expressões vitais e constituídas de 3 organismos[2], é dentro dessa condição básica que, simplificando, vou qualificá-lo para entrar no aspecto mais essencial de sua natureza.

Assim, temos:

1º) ORGANISMO MENTAL.

2º) ORGANISMO ASTRAL.

3º) ORGANISMO FÍSICO, propriamente dito.

1º) ORGANISMO MENTAL: ou Cérebro Anímico, é onde se processa ou se forma o psiquismo. Ora, "zi-cerô", atenta desde já a um ponto fundamental e distinto: esse cérebro anímico não é o espírito em si, em sua posição distinta ou diferente de quaisquer estados da energia natural. Esse cérebro anímico sendo seu primeiro organismo de expressão direta, para o exterior, é a sua alma propriamente dita, formada por ele, o espírito, isto é, pelo contato direto com seu núcleo vibratório original[3] propulsor, que é uma condição sua, intrínseca. Esse núcleo vibratório original sendo um

---

2   Empregamos o termo organismo porque, sendo comum, é melhor assimilado pelos entendimentos.

3   Aqui o leitor deve observar logo a seguinte distinção: quando se ler, adiante, o qualificativo de núcleo original, é como *aquilo* que é uma condição intrínseca do espírito. Quando se ler o qualificativo de núcleos vitais superiores e inferiores, é porque são "coisas" próprias de veículos ligados aos diferentes es-

aspecto do espírito em si, puro, é formado pela força de sua própria ação inteligente, isto é, repito, distinto em sua ação de qualquer veículo, produto da citada "natureza natural".

Esse núcleo original, então, estando assim definido, é o propulsor eterno e consciente de sua vontade, de sua inteligência, que toma os caracteres do que se diz como faculdades intelectivas. Foi e é, "ipso facto", o propulsor de suas eternas e virginais manifestações, que posso definir como suas afinidades de origem. Fica bem claro, agora, que esse tão citado núcleo, que é o próprio "substratum" desse todo, é quem dirige a formação desse cérebro anímico ou organismo mental e é ainda quem faz gerar, através deste, a sua *matriz perispirítica* ou astral. Essa matriz é a *forma raiz* astral que dinamiza as subseqüentes formas decorrentes das personalidades ou das encarnações.

Assim, fica patente ainda que essa *matriz perispirítica* é formada pelos elementos astrais naturais, segundo os caracteres vibratórios desse dito *núcleo original* que preside, em tudo, a sua formação ou a sua constituição fluídica ou etérica. Ela – essa matriz – passa a ser a impressora de suas afinidades, ditas como vontade, sentimentos, tendências, sensações, impulso, desejos, etc.

Pois bem, "zi-cerô", essa matriz é básica. Creio teres assim compreendido, que é ela quem plasma e acolhe, como forma astral que é, em sua estrutura íntima, as influências decorrentes das sucessivas personalidades que o espírito toma na ronda das encarnações. Segundo a intensidade moral das aquisições positivas e negativas numa encarnação, segundo a força das lições e respectivas experiências que plasmou nela as fortes impressões oriundas da dor, de sofrimentos vários e que elevou o espírito pelo lado moral, pelo entendimen-

---

tados da energia-massa ou matéria, em suas variações naturais. E quando se ler centros nervosos, são como regiões ligadas diretamente ao corpo físico, humano, que a ciência denomina de plexos, gânglios, etc.

to consciente disso tudo em ação e extensão. Foi nessa matriz que tudo isso ficou guardado ou armazenado e como impressora que é de todo esse conjunto de emoções, sentimentos, sensações, etc., vai, em conseqüência disso, alterando a forma ou os contornos do corpo astral, apropriando-o e relacionando-o sempre, à potência ou intensidade desse conjunto de aquisições emocionais, morais, etc.

Tudo isso vai atuar ou persistir por tanto tempo quanto durar no núcleo-original do espírito a lembrança ou efeitos dessas impressões. São essas impressões que ficam, dando diretrizes às linhas de forças afins e que permanecem vivas, atuantes, em seu organismo mental ou cérebro anímico.

Daí é que surgem como a potência que alimenta a sua matriz-perispirítica, que, por sua vez, dá os contornos à forma astral propriamente dita.

A força vibratória de certas e velhas impressões cria condições especiais que podem neutralizar ou apagar muito a influência geral de uma ou de algumas personalidades que usou nas reencarnações, sempre que o espírito vibrar conscientemente, para o passado, ou seja, para dentro daquela personalidade em que mais sofreu e evoluiu e que persiste fortemente em seu núcleo como força expressiva das aquisições morais, religiosas, étnicas, sociais, etc., ainda não superadas. Essa força impressiva pode influir decisivamente na sua matriz-astral quanto à sua forma, que dominará tanto quanto ele se sentir preso a isso tudo. Essa condição é parte consciente de sua personalidade e que só superará quando atingir a maturidade espiritual necessária e possa escolher novos rumos, novas tendências.

Eis uma das poderosas razões pelas quais inumeráveis espíritos, não obstante terem encarnado várias vezes, ocupando formas humanas de várias raças, voltam sempre a ostentar aquela que lhe forneceu o referido conjunto de afinidades já citado.

Explica-se, então, por que tantos espíritos se aferram aos caracteres psíquicos ou mentais, sociais ou físicos de uma raça e conseguem reencarnar no seu meio afim. Com o exposto, fica compreendido, também, por que certas Entidades espirituais não querem deixar de ser "caboclos" e outras não superaram a forma de "preto-velho"...

Essas assim procedem porque ainda não encontram condições superiores de elevação moral e espiritual que os fizessem superar as adquiridas naquelas.

Compreendida, "zi-cerô", toda essa questão, veja que é sempre esse núcleo-original que preside em tudo, pois ele é a própria consciência, inteligência em ação, definindo as raízes-afins.

Vou dar agora um simples exemplo para que você veja que é realmente esse núcleo que domina a matriz-astral ou perispirítica. Que é essa que, obediente a ele, transforma o organismo físico: note numa criatura, vibrações do sentimento amoroso ou caritativo, fraterno. Que acontece em sua fisionomia? Tudo muda. A face, os olhos ... tudo fica diferente, mais bonito. Há modificações positivas, patentes.

E quando essa criatura vibra com ódio, ciúme, raiva, etc.? Que acontece também? Dá-se uma modificação psíquica, fisionômica para o feio. Há uma alteração total.

Analise agora ambos os casos o que esteve dominando, imprimindo transformações? É claro que foi o núcleo original-propulsor do espírito. Foi ele que promoveu as alterações por sua matriz-astral e que foram expressas claramente, no seu aspecto físico, orgânico, exterior.

Cícero: – Bem, "preto-velho", segundo entendi, esse organismo mental, mesmo no ser desencarnado, tem composição, tem função, não é? Pois como é que ele se reproduz e atua no organismo físico, cerebral?

Preto-velho: – Sim, tem função e composição. Apenas o órgão cerebral, físico, é o seu veículo de expressão grosseira para o exterior direto – quando na condição humana.

As linhas de forças que partem dele – desse organismo mental – atuam através das células cerebrais, pelos *neurônios sensitivos*. Assim é que a função desse organismo mental do desencarnado, como manipulador do psiquismo ou dos pensamentos, é a mesma, quer na relação humana, quer fora dela; portanto, o cérebro físico serve apenas para reproduzir suas condições anímicas ou psíquicas.

Esse cérebro anímico é composto de uma espécie de matéria fluídica, sutilíssima[4] digamos, de partículas ou de corpúsculos psíquicos, estes que dão formação à corrente dos pensamentos, ou melhor, à energia dos pensamentos.

Tem dois *núcleos vitais superiores de energia*, que produzem uma *dupla linha de força,* justamente essas que vão se "assentar" ou imprimir propriedades especiais, nas células do cérebro físico, como "seus campos de equivalência". Esses núcleos vitais são, portanto, os canais volitivos diretos do espírito, ou seja, de seu núcleo-original. Atente bem, filho, para não confundir o cérebro anímico, pela semelhança do termo, com o cérebro humano composto de células orgânicas, próprias das condições físicas.

Esses núcleos então, sendo os manipuladores da vontade, da idéia e das afinidades dos seres espirituais, é que formam as condições totais do cérebro anímico.

Algumas Escolas classificam esse cérebro ou organismo mental, quando participando da condição humana, como corpo mental superior e inferior, e ensinam que ele tem a forma de irradiação ovóide. Não é bem assim. Essa "forma" ovóide é uma das formas irradiantes que tem o corpo-mental, a mais fácil de ser vista pelo vidente, quando examina uma pessoa em estado de serenidade.

---

4   É o manas, da Yoga.

Estabelecendo-se essa serenidade-psíquica, o corpo mental (das Escolas; para nós, cérebro-anímico ou organismo mental), irradia de forma arredondada, ovóide. No entanto, irradia, constantemente, formas *geométricas*, passando para as formas angulares, triangulares, circulares, etc., tudo se relacionando com o estado psíquico, emocional, da criatura. Assim no estado de meditação, em geral, condensa uma irradiação que toma a forma de *bola-fosforescente*.

Cícero: – É, "preto-velho", confesso que essa lição não vai ser fácil à maioria dos entendimentos.

Preto-velho: – É, "zi-cerô", mas você deve convir que isso é necessário, mormente quando a concepção vulgar sobre os "pretos-velhos" é muito estreita, acanhada. São inúmeros os que pensam que nós só "baixamos" para fumar pitos, dar cusparadas e tratar das mazelas dos *filhos da terra*... não é mesmo?

É preciso que saibam que o *pensamento-interno* que movimenta essa corrente de Umbanda, na apresentação exterior para a massa, é coisa muito séria. Para muitos se alimenta de uma forma e para outros a forma desse alimento tem que ser diferente... São uns e outros que vão ler estas *lições* portanto...

Cícero: – Bem, meu "pai-preto", agora falta dizer algo sobre o 2º organismo, para complementar o que já alcancei e relacionei com meus próprios conhecimentos de Fisiologia e Anatomia.

Preto-velho: – Sim. Sim. Quase que já disse o bastante sobre esse organismo astral ou perispirítico, ainda do ser desencarnado, mas vou completar...

2º) ORGANISMO ASTRAL: – É composto de certos elementos da "matéria" astral – um estado mais grosseiro, inferior à "matéria mental". É consubstanciado em sua natureza íntima, também, por 5 núcleos vitais, ditos inferiores, que produzem *linhas de força inferiores*, sujeitos aos dois núcleos-vitais superiores do cérebro anímico, que são os que presidem à *assimilação* consciente de tudo quanto seja sensação ou vibração gerada no *interior* e vinda do *exterior*, dentro de um processo voluntário.

Os 5 núcleos vitais inferiores recebem e acolhem tudo quanto sejam contatos, vibrações, sensações exteriores ou interiores, por assimilação involuntária, ou seja, assintomática, porque canaliza tudo isso para *cima*, isto é, para o controle ou aceitação do organismo mental que está sob o domínio do núcleo original, propulsor do espírito.

Esse sistema de *linhas de força*, produzidas pelos núcleos vitais em número de 7 (2 superiores e 5 inferiores), trabalha em estreita ligação, sendo que essas linhas estão sempre canalizando a energia[5] cósmica para eles.

É importante lembrar mais uma vez que estes 2 organismos (mental e astral) para se constituírem em organismos mesmo, é porque seus núcleos vitais, que estão em suas estruturas íntimas, lhes deram formação, com os "órgãos" competentes.

Quero, portanto, "zi-cerô", deixar bem claro que o ser desencarnado tem seu organismo mental ou cérebro anímico composto de "células de matéria mental", ou seja, de corpúsculos psíquicos, que não são os chamados átomos. Assim como seu organismo astral ou perispírito é composto de "células de matéria astral" dita fluídica, etérea, mas que, também, sendo corpúsculos mais grosseiros do que aqueles, ainda não são os referidos átomos já classificados pela ciência (a Física). Pois esses, os átomos, são próprios do seu 3º organismo, o físico, que lhes dá a composição dos sólidos, líquidos, gasosos, etc.

Ainda tenho a acrescentar que esses dois primeiros organismos recebem também alimento sob as formas variáveis do fluido

---

5   É o PRANA ou variações prânicas da escola Yoga.

cósmico universal, que é *sugado* pelos núcleos vitais superiores e inferiores, após serem canalizados pelas *linhas de força*.

Fica então perfeitamente definido que esses dois organismos principais do ser desencarnado têm "órgão" de "matéria" diferente da humana e que recebem, alimentam e servem para *ouvir e falar*. Sendo delicadíssimos e sutis os *sons* que eles articulam, diferem, do diapasão ou da tônica dos sons articulados pelos órgãos humanos, grosseiros, em relação a eles.

Cícero: – Então, "Pai-preto", segundo entendi de suas profundas explicações, tudo isso fazendo parte como veículos do ser desencarnado, segundo ainda suas elucidações, como vão se ligar à condição humana?

Preto-velho: – Perfeitamente. Agora é que vou relacionar o exposto com esse 3º ORGANISMO FÍSICO, que é onde esses dois organismos (mental e astral) vão fazer suas ligações ou reproduzir suas *propriedades*, por equivalência sobre os órgãos, já humanos, é claro...

Ora, essa questão de corpo humano (já ventilada anteriormente) com suas células, seus nervos sensoriais e motores, músculos, sangue, ossos, enfim, todos os seus órgãos, etc., já é do seu conhecimento. Esse Organismo físico tem, também, seus centros nervosos e vitais, que são os plexos, gânglios, etc. Bem, esses centros nervosos que são importantes à vida ou ao equilíbrio orgânico distribuem-se ou situam-se em certas partes do corpo. Pois bem, são esses centros nervosos que recebem, como *zonas de equivalência*, o influxo dinâmico *das propriedades energéticas* que vêm *pelas linhas de força* dos 2 Núcleos Vitais Superiores do Cérebro Anímico em conexão com as 5 Linhas de Força dos Núcleos Vitais Inferiores do *organismo astral*, tudo dentro de manipulações especiais.

Aqui, "zi-cerô", vou levantar uma questão profunda e surpreendente relativa à encarnação. Quando um espírito ou ser desencarnado vai encarnar (sempre voluntariamente), o seu contato inicial com os dois seres encarnados, que vão lhes servir de pai e mãe, se dá em uma primeira ligação psíquica, *antes mesmo* do ato generativo dos dois. Este primeiro contato psíquico e *afim* que, no fundo, é cármico – de ligações anteriores, se processa através das citadas *linhas de força* que se *interpenetram*; fazem uma espécie de *junção fluídica de propriedades*, assim como que *plasmando* às suas ligações afins, nos Núcleos Vitais Superiores dos 2 Organismos mentais ou cérebro anímicos dos encarnados. Havendo *este ato generativo* e conseqüentes condições para gerar, o ser desencarnado cai na *faixa* ou na aura do ser feminino encarnado, para as restantes ligações que obedecem aos influxos dinâmicos dos Núcleos Vitais Superiores e Inferiores. Estes fenômenos realizam-se no protoplasma ou no núcleo proteide dos genes, da Medicina oficial, principalmente, afirmo eu agora, pela substância carbônica que eles contêm.

A seguir, esses Núcleos (superiores e inferiores) vão se ligando cada vez mais, cumprindo a sua parte na formação do embrião, ou seja, daquilo que vai ser o seu *organismo* físico, humano.

Aqui, "zi-cerô", cabe outra observação, profunda também e não definida, ainda, pela ciência oficial. Esta ciência já sabe que certo número de cromossomos é que determina o estado sadio e normal de uma criatura e são também os portadores dos fatores hereditários.

Esse número *certo* é de 46 cromossomos (veja, pela numerologia sagrada, dois números pares: 4 + 6 = 10 = 1, ou a unidade). A ciência oficial já reconhece que, em seres anormais, este número certo de cromossomos se altera: 47, 45, 48 etc. Houve, portanto, uma *alteração* nas células.

Ora, essa *alteração* tem lugar justamente no momento desse contato inicial, psíquico, através das *linhas de força* dos 3 seres (2 encarnados e 1 desencarnado). O desencarnado sendo portador de aquisições morais negativas, essas imprimem em suas *linhas de força, as propriedades defeituosas* e assim, altera a corrente de energia germinativa normal dos *dois encarnados*, produzindo um sutil desequilíbrio por ocasião do ato físico, *alterando* assim, repito, a posição normal dos cromossomos nas células.

Pode acontecer, agora, que o portador dessas aquisições negativas sejam os pais... mais aí, as atrações são afins. O inocente jamais pagou ou paga pelo pecador. Essa é a Lei... Isso, "zi-cerô", está explicado, em linhas gerais, simples, sintéticas. Voltemos à seqüência da lição...

Cícero – Dê-me licença, mais uma vez, "Pai-preto". Esta lição, sendo muito complexa e transcendental, por certo que empolga, e eu a queria bem esclarecida em meu entendimento. Vou fazer uma revisão para você ver se há alguma falha.

Segundo entendi, *esses* Núcleos Superiores e Inferiores em número de 7, dos órgãos mentais e astrais do ser desencarnado, são os elementos básicos, sobre os quais, primeiro, opera o espírito. Esses Núcleos, dinamizados pelas faculdades do dito espírito, fazem surgir *propriedades especiais* em consistência, e formação nos "órgãos". Esses "órgãos" mentais e astrais, então, constituídos assim, vão influir por sua vez, decisivamente, na formação do organismo físico ou corpo humano. Certo?

Preto-velho – Correta a sua síntese.

Cícero: – Agora, mais um ângulo dessa questão: os Núcleos Vitais podem ser identificados diretamente a certos plexos, gânglios ou centros nervosos, conforme se faz na literatura dita esotérica com o nome de *chakras*? Pergunto isso porque você frisou, atrás, que certos *centros nervosos* recebem como *zonas de equivalência* o influxo dinâmico desses referidos núcleos.

Preto-velho: – Bem pensado, "zi-cerô" . Essa identificação que é feita assim, por quase todos os estudiosos ou ditos como ocultistas, dos chamados chakras da Yoga, é, não resta dúvida, uma identificação de *adaptação* rudimentar, porém, usual, porque é uma *forma* mais acessível à generalidade dos entendimentos, isto é, serve para sugerir-lhes uma idéia aproximativa da *coisa interna*. Os Núcleos Vitais Superiores e Inferiores não devem ser diretamente ligados a plexos, gânglios ou centros nervosos do corpo humano. Note que esses Núcleos *como princípios que são*, naturais, originam os "órgãos" mentais e astrais, através de suas *linhas de força*. Esses "órgãos" depois de consubstanciados (sempre no ser desencarnado) adquirem novas e amplas propriedades e essas, sempre guiadas pelas *linhas de força*, é que vão reproduzir-se sobre certos centros nervosos ou plexos do organismo humano, como suas *zonas de equivalência* e imprimem o ritmo, presidem ao equilíbrio geral, podem controlar ou descontrolar os plexos nervosos do corpo humano.

Firmarei então a regra: – os Núcleos Vitais recebem diretamente do espírito (ou de seu Núcleo Original propulsor) suas próprias vibrações espirituais em forma do que se diz como faculdades, e estas submetem esses Núcleos a seus *impulsos dinâmicos*, surgindo deste contato por dupla manipulação propriedades especiais em forma de *linha de força* ou de *energia*. Essas *linhas de força* são os *canais* eletromagnéticos, condutores, portanto, de propriedades dinamizadas pelas citadas faculdades criadoras e próprias do espírito que vão participar, quer no "organismo mental ou cérebro anímico", quer no organismo astral ou perispirítico e daí se "materializarem" no organismo humano.

Bem, "zi-cerô", "preto-velho" sabe que essa explicação parecerá difícil a muitos, mas é necessária a fim de situar, para os entendimentos maiores, a questão que levantei dos *chakras*, que são, como percebeu, o que chamo de 7 Núcleos Vitais e que não têm formas *fixas*. As suas formas fluídicas variam de acordo com as transformações psíquicas do indivíduo. Enfim, são os produtores, através de *suas linhas de força*, dos "órgãos" mentais e astrais do ser desencarnado. Esses "órgãos", portanto, pela ação das linhas de força que os *geraram* e sempre por elas, é que fazem reproduzir suas propriedades totais, imprimindo formas adequadas ou semelhantes nas células que se aglutinam formando o órgão completo do corpo humano.

Cícero: – Ainda oh! "preto-velho", para minha total compreensão, resta definires com mais propriedade o que chamas de *linhas de força*...

Preto-velho: – Sim. Digo como *linhas de força*, essa corrente de energia ou de fluidos cósmicos, vitais, básicos, na formação ou na estrutura íntima de qualquer macro ou micro corpo ou organismo constituído, mesmo de um átomo propriamente dito. São, para lhe dar um exemplo de relação, o mesmo que as chamadas "forças sutis da Natureza"[6], os elementos radicais que a tudo presidem, dos ensinamentos de outras Escolas...

---

6   N. A. Ditas pela Yoga como Tatwas. Dão como 5 os principais: Akasa, Vayu, Tejas, Prithivi e Apas. No entanto, quase não falam dos 2 fundamentais, para formar os 7. E como se falou em tatwas, lembraremos o seguinte: – A Editora o "Pensamento" lançou um livrinho – o Swaramadra – a ciência dos tatwas – que revela uma tabela ou as regras para uso prático desse tatwas. Assim, dessas regras e do livro de Rama-prasad se conclui que: no primeiro dia da Lua-nova (quando ela derrama seu néctar sobre a Terra) esses tatwas se movimentam pela narina esquerda (respiração lunar), ao nascer do Sol, com o tatwa Akasa seguindo-se, por ordem, os outros 4 citados, cada um dominando 24 minutos que, vezes 5, dão 120 minutos, ou seja, duas horas em que eles se movimentam pela circulação ou respiração esquerda e assim diz-se respiração lunar e duas horas em que passam para a direita ou respiração solar. Agora entramos nós. Se cada tatwa (ou linha de força) domina 24 minutos, os 5 duas horas, onde entram os 2 fundamentais, para perfazer a corrente dos 7? Diremos. Estão *dentro* da corrente dos 5 ou dentro de cada um, nesses 24 minutos, 12 minutos cada e assim sucessivamente. Por quê? Porque esses 2 são tatwas mentais que fornecem os elementos mentais, psíquicos. São as 2 linhas de força de que preto-velho fala e que *alimentam* pela sua corrente de energia própria, esses 2 Núcleos Vitais Superiores do Organismo mental do

Cícero: – Muito bem, "pai-G..." Só resta reconhecer que tuas Lições, mormente nesses últimos ensinamentos, são do chamado profundo ocultismo. Isso deixa patente que a Corrente de Umbanda não é como querem e apregoam certos ocultistas e outros como esotéricos – uma parte das denominadas de Ciências Ocultas. Essas ciências é que necessariamente estão dentro da Umbanda.

Assim, peço que faça luz sobre a questão Cármica – de ligações anteriores, porque, conforme já frisou atrás, deixa entrever que tudo obedece às Leis Morais... Não há *acaso* numa encarnação, num casamento, enfim, numa ligação, etc.

Preto-velho: – Sim, como bem você disse. Há leis para regular essas *ligações* e, portanto, existem os Tribunais no Astral, para isso.

Então, para que compreenda a questão levantada, direi que 3 são a *ordem* desses Tribunais: – Primeiro, vem o Tribunal Supremo ou Planetário, sob a supervisão Crística – de Jesus, através de Entidades Superiores, diretamente comungando na sua Faixa – que se encarregam do Carma Coletivo de toda a Humanidade do planeta Terra. Depois, vêm os Tribunais Superiores, regidos pelas

---

cérebro anímico, ditos como *chakras*. Esses 2 Núcleos citados (ou chakras) têm a propriedade de assimilar desses 2 *tatwas* (que fornecem a "matéria" mental) a corrente energética, afim de canalizar a idéia, a vontade, etc., do Espírito, *imprimindo* ainda essas suas faculdades, na *qualidade dessa corrente*, para gerar as circunvoluções ou as vibrações apropriadas, que se diz como pensamentos, no aspecto raciocinado, etc.

Esses 2 *tatwas* fundamentais são citados ligeiramente por Rama-prasad, como *Upanadaka* e *Adi*, apenas. Podemos acrescentar ainda que, segundo outras ligações deste "preto-velho", esses 2 tatwas ou Linhas de Força mentopsíquica alimentam, um a parte masculina ativa, e outro, a parte feminina, passiva, da criatura, ambas assimilando a energia dos chakras ou Núcleos – como nós os chamamos na Umbanda esotérica – sobre a hipófise, a glândula mestra de todo sistema endócrino do indivíduo e que regula as atividades gonadais (sexuais) masculinas e femininas, etc.

Entidades Maiores e encarregadas de controlar o Carma Grupal, isto é, de cada coletividade religiosa, espiritual, etc. Assim, exerce o controle sobre cada um dos Rebanhos do Pai, dentro de suas faixas afins, como encarnados e desencarnados.

A seguir, vêm os Tribunais Inferiores. Esses são os de contatos e ações diretas, individuais, isto é, sobre o Carma de cada ser, encarnado e desencarnado, pertencente a *cada um* desses Rebanhos ou dessas faixas afins, espirituais, religiosas, etc.

Enfim, os Tribunais Inferiores, regidos diretamente por Espíritos Elevados, exercem o controle ou julgamento direto, sobre cada ser, em relação com a coletividade religiosa, etc., a que ele pertence.

Esses Tribunais Inferiores, nos *casos especiais*, submetem-no ao critério dos Tribunais Superiores, próprios do Carma Grupal ou de sua Coletividade afim.

E, para que você compreenda melhor o exposto, vou exemplificar: – você, "zi-cerô", vem há mais de 20 anos, dentro dessa faixa afim, dita como de Umbanda. Suas tendências, sua fé, seus sofrimentos, suas lutas morais-espirituais, suas derrotas, suas vitórias, tudo isso veio se processando com você, haurindo, de um modo ou de outro, o *alento de fé, de socorro*, etc., nessa faixa, nesse Rebanho. Ora, você é consciente dessa fé, dessa convicção e é por isso que apela sempre para a Corrente astral de Umbanda...

Quando você desencarnar, é lógico que vai ser julgado, vai ser submetido ao controle, a um reajustamento cármico individual. E é claro, é lógico, que não poderá ser reajustado, submetido a esse exame cármico por seres ou Espíritos, mesmo Superiores, que tenham suas afinidades pautadas em outro sistema espiritual, religioso ou filosófico...

Você terá que ser levado ao seu Tribunal Inferior – ao órgão que esteja regido por Espíritos Elevados, porém, de sua faixa afim de sua Corrente ou Coletividade religiosa astral... É, filho, a Sabedoria Divina é perfeita...

Seria o caso de você, umbandista que o é, tanto *aqui*, encarnado, como lá em *cima*, desencarnado, ser submetido ao reajustamento cármico por seres ou espíritos da faixa, digamos, Protestante... assim, o que poderia acontecer?

Seria logo condenado ou, na melhor das hipóteses, incompreendido, etc.

Que isso não surpreenda a você e a outros, pois convém lembrar nesta altura a velhíssima regra oculta que diz: – "Assim como é embaixo é em cima". Sendo que os Tribunais humanos somente julgam os erros sociais, a infração das leis humanas, da justiça da Terra. Não pode julgar as questões relacionadas aos aspectos íntimos, religiosos, morais-espirituais, face às leis cármicas de Causas e Efeitos, pelas relações anteriores, de outras encarnações e pelas ligações ou entrelaçamentos que os Juízes humanos, desses Tribunais, desconhecem completamente... As leis humanas, filho, são cópias grosseiras das Leis do Astral – que é o teu verdadeiro Mundo.

Ora, e se aqui, nas condições humanas, você tem que obedecer a uma série de injunções de determinações que as suas leis regulam, desde seu nascimento que é logo *escrito*, até sua *morte* que também é logo *anotada*, quanto mais lá no Astral, que é de onde, verdadeiramente, você vem...

É o caso do Carma de um ser desencarnado, quando recebe ordens ou está em condições de receber o "passe" para encarnar...

Às vezes o ser já está esperando, há bastante tempo, aguardando condições pelas ligações cármicas com os que, já na Terra, ainda não se ligaram social e carnalmente. Esses Tribunais estão regulando todos os pormenores dessa operação. Porque, a ninguém é dada a prova de sofrer pelos desmandos de um filho ou filha, por seus erros, enfim, se, no passado, de alguma forma, não tivesse contribuído para isso. É, repito, justamente, para regular essas questões complexas morais-espirituais que existem esses Tribunais... Compreendido, "zi-cerô", tudo isso nessas linhas simples e gerais?

Cícero: – Compreendi. Falta dizer algo sobre os tais casos – especiais – quando há incompetência dos Tribunais Inferiores.

Preto-velho: – Sim. Isso tem relação com os chamados livres pensadores, com essas criaturas que não se definiram ainda, espiritualmente, por nenhuma das correntes religiosas, filosóficas, espiritualistas, etc., bem como dos que estão em *transição* espiritual ou religiosa. Exemplo: – uma pessoa passa algum tempo na corrente Católica, sai, vai para dita kardecista, depois, termina seus dias terrenos na corrente Protestante (há inúmeros casos).

Essa criatura não pode ser examinada carmicamente, em suas ações morais-espirituais por esses Tribunais Inferiores.

É encaminhada, pelo Tribunal astral inferior da última corrente em que estava, para o Tribunal Superior competente. Isso se aplica, também, aos já citados como livres pensadores, etc.

Bem como têm aplicação ainda, dentro dessa incompetência, os casos de criaturas que, quando encarnadas, dirigiram e influíram decisivamente nas condições morais e gerais de uma coletividade ou Nação.

Para esses o caso é mais sério. Podem ir de um Tribunal Inferior ao Tribunal Superior e, daí, ainda, ao Planetário ou Supremo.

Cícero: – É, meu bom "preto-velho", agora digo eu: – "dura lex sed lex"...

Preto-Velho Fala da Mediunidade sem os Véus da Ilusão • Das 3 Classificações Distintas e Generalizadas de Mediunidade • Suas Condições Face às Práticas e aos Rituais que se Processam em Nome de Umbanda • Os Verdadeiros Médiuns Podem Cair na Faixa dos Neuro-Anímicos • A Mão Esquerda traz o Selo Mediúnico • Sinais de sua Comprovação • O Autêntico Selo dos Magos • Da Interpretação dos Ritos • Da Ação das Palmas • A Verdade Sobre os Tambores e o seu Perdido "Segredo Mágico" • Das "Guias" ou Colares... Pontos Cantados

Cícero: – "Saravá" sua banda, meu paciente "preto-velho"! Desde a última reunião, que me deu muito que estudar e pensar, venho morrendo de saudades e com muita "fome" de saber. Hoje, inicio pedindo que me fale franco, sobre a mediunidade e o que mais ache necessário, correlato ao assunto, principalmente no que se refere à corrente umbandista.

Preto-velho: – Que a paz de Nosso Senhor Jesus Cristo viva sempre em seu pensamento e coração, "zi-cerô", é o que este "preto-véio" deseja "pra suncê".

Vou começar falando um tanto duro sobre mediunidade sem os *véus da ilusão*, das criaturas humanas, é claro...

A mediunidade é uma *dupla condição especial*, dada ou facultada ao espírito que vai encarnar (sob a forma masculina ou feminina), *antes e durante a gestação*, e nunca depois. Só se revela aquilo que já trazia em si. E essa mediunidade ou faculdade, posso definir como um selo mediúnico, conferido ou *impresso* em bem poucas criaturas... Espantado, "zi-cerô"?

Cícero: — Espantadíssimo, oh! "Pai-preto"! A literatura que trata do assunto doutrina que todas as pessoas são médiuns, dessa ou daquela modalidade. É só fazer por onde, ou seja, é só *desenvolver*. E eu tenho visto "todo mundo" desenvolvendo, ou melhor, com a mania do *desenvolvimento* mediúnico.

Preto-velho: – É verdade, "zi-cerô". Quase todas as pessoas que freqüentam sessões, para essa ou aquela finalidade, acabam desejando "receber espíritos". Quando não conseguem "recebê-los", não se conformam. Passam então a "desenvolver" a vidência, a irradiação, as intuições, os desdobramentos e em último caso, aferram-se aos "passes" magnéticos ou fluídicos, como verdadeiros prêmios de consolação... duro, esse começo, não é, "zi-cerô"?

Cícero: – É, "Pai-preto", "vosmicê" vai contrariar as "regras" que ergueram ou que já se firmaram a esse respeito? Como posso conciliar o que afirmou com a doutrina existente e aceita?

Preto-velho: – Não pretendo contrariar ninguém. Eu sou de paz, mas não "compro nem vendo ilusões" há muitas encarnações "zi-cerô"...

Vou entrar nessa questão, da maneira mais clara que me for possível. Presta toda atenção aos conceitos que vou firmar, logo de início, para que possa entender o que virá depois...

"Zi-cerô": a mediunidade não deve ser encarada como uma graça súbita, que o indivíduo recebe, manifestando-se sobre seu espírito e seu organismo, sem que estes tenham sido "manipulados" antes, nas condições morais energéticas, para receber *um* acréscimo de fluidos vitais e apropriados à manifestação da dita mediunidade. A ciência da Terra afirma que a Natureza não dá saltos... Assim, a Natureza ou a estrutura íntima de um perispírito ou de um corpo astral, via de regra, *não é alterada* ou manipulada em certos núcleos vitais de energia, *depois* que este corpo astral se consolida sobre seu organismo, digamos, físico propriamente dito, e já amadurecido por seu dinamismo, por sua presença.

Todavia, essa graça mediúnica pode ser manifestada excepcionalmente – como exceção à regra – sem que a criatura tenha *trazido em si* o selo mediúnico, se, por suas qualidades morais e espirituais, se elevar frente a determinadas circunstâncias e dentro das quais haja necessidade da comunicação dos espíritos, através dele.

Essa sutilíssima operação, então, pode ser realizada em seus Núcleos Vitais, para daí presidirem às necessárias adaptações nos centros nervosos do organismo humano.

Essa manipulação especial só pode ser feita pelas Entidades técnicas do assunto, ou seja, já conhecedoras de certas subleis e isso se dá com o beneplácito ou com as ordens do *alto*, do Tribunal Planetário.

Esta é, por exceção, a única condição em que certas criaturas podem receber a graça mediúnica.

Cícero: – Que me valha, meu "santo-de-fé", oh! "Pai-preto"! Se bem compreendi, a mediunidade jamais pode ser "desenvolvida", segundo os métodos gerais usados na maioria das sessões, seja de que corrente forem?

Preto-velho: – Sim. O que você vê como "desenvolvimento mediúnico", é a *tentativa comum*, usada na maior parte das sessões, que pretendem *provocar* nas criaturas *aquilo* que elas não têm, porque, de forma alguma trouxeram.

Isso generalizou-se como o tal "desenvolvimento", de que fala. Agora, despertar a mediunidade existente e comprovada em alguém, pela educação racional das qualidades morais, isto é, das condições psíquicas e orgânicas, é criar condições favoráveis naquele que trouxe essa faculdade, a fim de que ela surja, espontaneamente, dentro dos cuidados, da orientação que deve cercar aqueles que são médiuns, veículos dos espíritos.

Bem, "zi-cerô", nesta altura, tenho que entrar com uma série de fundamentos, que parecerão complicados, justamente para você poder alcançar, tanto quanto possível, a questão do porquê do *selo mediúnico* e sua relação com o "cérebro anímico" onde ele é impresso como a *dupla condição* de que falei. E ainda porque quero chamar atenção para as "criações anímicas", que, no linguajar de "terreiro", chamo de "cascudos" – esses tremendos perturbadores dos médiuns e das sessões.

Se você compreendeu bem o que explanei, sobre cérebro anímico ou organismo mental, deve ter concluído, por lógica, que o ser desencarnado é quem traz a maior soma de aquisições ou contribuições para o embrião, posteriormente ao feto e ao organismo físico em formação, que vai ser o seu. Essas contribuições ou aquisições são, na totalidade, o seu carma ou "destino", que se revela na forma das predisposições ou das afinidades, sentimentos, tendências, impulsos, sensações várias, tudo isso como reservas armazenadas em seu organismo mental e astral, que também, por sua vez, armazenaram vícios e erros... enfim, coisas boas e más de outras encarnações.

Tudo isso, dentro da Lei de Conseqüência, tem que ser submetido aos necessários reajustamentos, que se processam dentro de lições, experiências, como as dores, as alegrias, etc., tudo na dependência exclusiva de seu próprio esforço, no caminho da libertação, ou seja, na escoimação dos *elementos* nocivos, que adquiriu e que estão ligados a outros seres, bem como das ligações positivas que fez, também, com outros seres.

Daí é que os Espíritos maiores do Plano dos Mentores, que estão encarregados de controlar diretamente a *via de execução* da lei de causa e efeito, dentro das reencarnações de cada um, podem achar necessário, de acordo com a análise de todos esses elementos, junto ao ser desencarnado, em geral com a aquiescência dele, podem achar necessário, repito, manifestar sobre ele a dupla condição especial, como faculdade mediúnica, afim de que possa reajustar, com mais propriedade, certas necessidades do seu carma.

Nesse caso, ele tem a mediunidade *Probatória ou de Expiação*. Podem ainda, em relação ao exposto, outorgar o dom mediúnico a um ser que, embora não sendo para fins puramente probatórios, é conferido como um acréscimo positivo, a fim de incrementar as qualidades aproveitáveis que já venha revelando. Essa faculdade lhe é dada a título de ajuda à sua evolução, pelo seu merecimento. Diz-se assim, como fazendo parte de seu *Carma Evolutivo*.

Conferem ainda, esse citado dom, àqueles que, já possuidores de elevados conhecimentos, já com grande entendimento sobre as eternas verdades, que são as leis morais estabelecidas, podem servir em uma *missão*. Estes têm um *Carma missionário*. Através deles, pelos conhecimentos que lhes são próprios, pelo desejo ardente que têm de ajudar seus irmãos, assim, lhes conferem essa faculdade, a fim de se porem em condições superiores de esclarecimentos, para servirem melhor sob vários aspectos, dentro da Missão que lhes foi confiada.

Isso, "zi-cerô", dito em linhas gerais, é o suficiente para que este "preto-véio" possa entrar na essência da questão.

Se o Espírito ou o Ser desencarnado, então, aceitou essa faculdade, em que qualquer das três situações acima discriminadas, faz-se necessário que se proceda ao *preparo* dele, a fim de que possa manifestar ou revelar isso, no mundo dos encarnados, que, provisoriamente, vai ser o seu. Esse preparo começa pela parte moral, quando lhe é feito sentir tudo que terá de sofrer ou passar em relação com esse *dom* e até quais os seres irmãos desencarnados (é claro), que vão agir através de sua mediunidade.

Estando essa parte moral cármica bem situada, segue-se o outro *preparo*, de caráter puramente *energético*. Sim. Porque a condição moral espiritual cármica, quer probatória, evolutiva ou missionária em que os seres forem situados, em relação com a dita mediunidade, antes de ocuparem a forma humana, será posta em relevo, quanto ao esforço próprio, isto é, serão bem advertidos de que reajustes, benefícios e êxitos ficarão na dependência de seus esforços, da força de vontade que devem usar ou ter para vencer, etc.

É-lhes demonstrado, também, como essa faculdade medianímica, se revelando em benefícios, em caridade sobre os outros, trará a seus carmas, pela lei do "dando é que recebemos", os elementos que se incorporarão às suas aquisições positivas, no Caminho da Evolução.

Assim, essa dupla condição de ser veículo dos espíritos, dada na forma de um *dom*, é, em primeiro lugar, uma condição espiritual, especial, dotada ao ser, *antes de encarnar* e que se firma durante a gestação. Isso, de modo geral, mas, *excepcionalmente*, pode ser conferido *depois*, no encarnado já adulto.

Em segundo lugar, é uma *condição orgânica especial*, dotada por acréscimo sobre as condições orgânicas normais. Por que assim, "zi-cerô"? Porque é sobre o organismo físico, humano, que se vão processar fenômenos, condições extranormais, reveladas em aspectos visíveis, sensíveis e palpáveis... à percepção humana, objetiva. Órgãos humanos traduzirão, através de seus elementos próprios, manifestações que possam ser vistas, sentidas e analisadas por outros seres, que o farão, também, através de seus próprios órgãos físicos, humanos. Torna- se claro, patente, que uma criatura, como médium, revelando condições supranormais, quando traduz pela intuição, irradiação, vidência, etc., especialmente pelo transe mediúnico ou incorporação dos espíritos, a ação direta, inteligente, diferente, desses mesmos espíritos, de forma extraordinária, isto é, que não é comum às outras pessoas, é porque está possuído de *condições especiais* em seu organismo, que facultem a materialização desses fenômenos.

São fluidos nervosos específicos que ele possui, em certas regiões vitais ou *zonas de equivalência*, como produtoras e captadoras dessas ligações. E essas zonas, situadas no organismo humano, são centros nervosos vitais, compostos de gânglios ou plexos que sofreram uma operação, uma manipulação própria, uma carga fluídica, por acréscimo, que faz com que saiam de suas condições normais, porém, controladas, a fim de não se desequilibrarem por *esse excesso*.

Mediante isso, é fácil entender, "zi-cerô", que essa manipulação especial é feita nos Núcleos Vitais do Organismo Mental e Astral do ser que vai encarnar e ao qual vai ser conferido o *selo mediúnico*, isto é, a dupla condição especial que pode revelar a faculdade mediúnica, em qualquer de suas modalidades.

Há necessidade disso, devido às adaptações imprescindíveis dos Núcleos Vitais dos Organismos Mental e Astral do desencarnado, sobre o organismo físico em formação (embrião e feto) que lhe vai servir de corpo denso e onde vão ser impressas as suas faculdades, tendências, sensações, etc., enfim, todas as suas aquisições morais, positivas e negativas.

É, portanto, de cima, do *interior*, que vem tudo, para baixo, para o *exterior*, para o que é visível, sensível e palpável.

Cícero: – Bem, "Pai-preto", compreendi agora claramente que a mediunidade como faculdade *ativa*, positiva, espontânea, *não é comum*... Ao contrário, é rara. Que me diz, então, das *atuações* que sofrem inúmeras criaturas e que as levam às sessões espíritas e de "terreiro", por que as atribuem sempre como de caráter ou fundo mediúnico?

Preto-velho: – Ótimo, filho meu. Até que você abordou um assunto delicado e que, segundo vou esclarecer, por certo entrará em "choque" com as doutrinas existentes a respeito.

Definindo a questão, situo o problema em *três aspectos distintos*, apesar de se confundirem aparentemente: 1°) *atuação espirítica*; 2°) *contato mediúnico*; 3°) *desenvolvimento psíquico*.

A doutrina firmada a respeito dessas TRÊS condições gerou tremenda confusão, porque deixou subentendido que elas são partes inseparáveis e mesmo próprias, *uma da outra*, etc. É erro confundirem *atuação com o contato mediúnico* e maior erro, ainda confundirem o *desenvolvimento psíquico* com o dito *contato*, pensando e acreditando que desenvolver os poderes psíquicos latentes, desta ou daquela forma, faz surgir as tão desejadas faculdades medianímicas.

Cícero: – Pode ser mais explícito sobre esse assunto? Pois tenho o máximo interesse nesse três casos; quero compreendê-los bem, em suas linhas próprias.

Preto-velho: – Por *atuação espirítica*, devemos considerar 95% dos casos desses irmãos que procuram as sessões, portando perturbações várias, com distúrbios nervosos, orgânicos, etc. Realmente, eles podem estar sofrendo de *atuação espirítica*, mas não de caráter ou fundo mediúnico, necessariamente... Falarei mais claro: – esses irmãos, por circunstâncias várias, por condições adquiridas no passado e no presente (tudo relacionado com a conduta ou com as suas ações negativas), atraíram, de alguma sorte, espíritos vingativos, perturbadores, vampirizadores, etc., *atração essa* que pode ter provocado a *atuação espontânea* deles, por terem achado o "campo aberto".

Eles se achegaram já encontrando as predisposições e começaram a provocar os distúrbios: – uns, para se vingarem, outros, porque entraram na faixa-psíquica das vítimas; todos participando de seus estados mórbidos por prazer ou por estarem em relação com eles. Isto no caso das *atuações espontâneas*.

Há, porém, os casos das *atuações mandadas,* originárias de "trabalhos" ou processos de baixa magia, que tanto esforço exigem dos pretos-velhos, dos caboclos, etc., a fim de neutralizá-los ("desmanchar").

Essas *atuações mandadas,* claro, são próprias dos "filhos da terra", cegos, ignorantes, maus, que procuram prejudicar desafetos ou que pretendem influir sobre outros para fins diversos, através de certos "trabalhos" que têm seqüência no baixo mundo astral e são encaminhados, ainda, pelos espíritos atrasados, e mesmo por aqueles espíritos que têm necessidades várias e experimentais e que são ludibriados por certa classe de espíritos, nesses objetivos...

Ora, "zi-cerô", você está vendo então que existem atuações de espíritos sobre pessoas, sem que elas, necessariamente, sejam médiuns, isto é, que tenham em si a dupla condição especial mediúnica – que sejam *portadoras do selo mediúnico.* Essas atuações, em 95% dos casos, provocam distúrbios nervosos, psíquicos, etc., muitos dos quais difíceis de tratar e curar. Isso porque essas atuações são coisas *forçadas, contundentes;* provocam impactos de aura a aura, *ferindo, arranhando... Os espíritos que atuam, encontram campo de ataque, mas não campo de adaptação, de assimilação, de ligação para o citado contato mediúnico...*

Isso porque os centros nervosos do ser humano, sendo *atacados dessa forma,* se irritam, se inflamam, se desequilibram, provocando os distúrbios correspondentes, como as lesões e as doenças. *Esses centros nervosos, não tendo os fluidos especiais, próprios da mediunidade, e sofrendo a ação de fluidos pesados, impróprios aos espíritos elevados ou de luz, é evidente que só podem alterar suas funções normais.*

Devo ressaltar, todavia, que dentro desses casos podem existir alguns que, além de serem portadores de *atuações espíríticas,* trazem também o selo mediúnico. Esses, depois dessas atuações (que atraíram ou suscitaram de alguma forma – repito – muitas vezes por se negarem a dar seqüência à mediunidade, quando, na época certa, foram alertados com certos fenômenos ou fatos indicativos que se passaram com eles diretamente, como a lhes mostrar "a chegada da hora", a fim de cumprirem a sua parte mediúnica, com a qual se comprometerem antes de encanarem, etc.), se reajustam com o compromisso moral medianímico e seguem em paz.

Isso "preto-velho" faz questão que fique claro. São apenas alguns casos, em percentagem mínima de 2%, que podem ser incluídos nos 5% restantes que constituem os casos de mediunidade positiva, real, dos que trazem o selo mediúnico.

Nesses médiuns verdadeiros, o despertar de seus Centros Vitais para as ligações fluídicas medianímicas indispensáveis surge espontaneamente, sem as perturbações que caracterizam os 95% citados (os de atuações espiríticas)...

Em suma: – a verdadeira mediunidade não surge, "via de regra", acompanhada dos *distúrbios* que vulgarmente lhes emprestam e com os quais formaram corpo de doutrina a respeito... Não surge, portanto, com os desequilíbrios nervosos, psíquicos e orgânicos, *sintomas mais apropriados* aos que foram ou são *atacados, contundidos, e por isso ficaram doentes.*

Não! A mediunidade positiva, real, espontânea, essa vem controlada pelos *espíritos elevados.* Entidades responsáveis, da envergadura de "caboclos, pretos-velhos", etc., como Guias e Protetores, não se fazem revelar a "trancos e barrancos"!

Por certo que fenômenos e certas alterações precedem à sua total manifestação, diferentes, porém, das descritas nos casos de atuações espiríticas, muito freqüentes. É só não confundirem...

Façam uma observação sensata, criteriosa, sem "partipris" e percam a mania de qualificar toda essa gente que sofre, como médiuns.

Realmente é muito alta a percentagem das criaturas que procuram os Centros de Kardec e os terreiros de Umbanda, em seqüência dessas citadas atuações; no entanto, quando encontram uma positiva assistência espiritual, são tratados, curados e, depois, *nada mais sentem...*

Se, entretanto, lhes incutirem a idéia de que são médiuns, que têm de "trabalhar", prestar caridade através dessa "mediunidade", eles, coitados, concordam, porque têm medo, tendo em vista o que já passaram... Ficam, mas o fato é que *continuam* e nunca surge a apregoada manifestação mediúnica.

Que vem acontecendo, geralmente, nesses casos? Essas criaturas caem na "faixa-sugestiva" do ambiente e dentro de sua fé, dentro de sua boa-vontade, de sua ingenuidade e de seu medo, acabam fazendo manifestações puramente anímicas, educadas, mormente, nas sessões Kardecistas, pois, de tanto ouvirem a doutrina evangélica e fenomênica, de forma *repisada*, sugestiva, incisiva, *mecanizada,* passam a revelar de alguma forma, pelo *inconsciente,* aquilo que foram absorvendo *sugestivamente...*

Dá-se processo semelhante nas sessões de terreiro: – de tanto ouvirem falar de "caboclos" e "pretos-velhos", de seus feitos, de suas forças, da beleza de seus "penachos" a par do aspecto altamente sugestivo de suas "normas de apresentação", etc., começam ardentemente a desejar "um caboclo, um preto-velho também"... Vão criando e plasmando, *também,* os seus "cascudos" ou seja, contribuem com sua imaginação, para aumentar e alimentar as criações anímicas já existentes e próprias dos que freqüentam a corrente mediúnica do terreiro. E isso por quê? Porque eles foram ao terreiro ou centro, por sofrerem ou desejarem algo e, logo que foram satisfeitos ou confortados, gostaram da *coisa...* Então, como o interesse da maioria dos "babalaôs", é encher o "terreiro", entram com a velha "mironga sugestiva" – "você vinha ou vem sofrendo porque é médium, precisa entrar na corrente para ficar bom, passar tudo isso, etc.".

Cícero: – Agora, meu "Pai-preto", compreendi bem a questão. Poderá ainda dizer mais alguma coisa sobre os contatos mediúnicos?

Preto-velho: – Posso, meu filho. O contato mediúnico é, conforme disse acima, a ligação positiva, ordenada, responsável de uma Entidade sobre um ser encarnado – o dito como médium. Esse contato é feito com muita antecedência e envolve condições cármicas ou seja, afins, de ligações anteriores.

De um modo geral, o médium, o portador da dupla condição especial, só vai ter o contato mediúnico *ativado* em certa idade, 20, 30, 40 anos. No entanto, ele já vem sendo *seguido do astral,* pelo espírito que vai ser responsável direto na movimentação de sua mediunidade. Quando chega o momento, ele age então, e tudo se engrena direito.

Agora, deixa-me falar do *desenvolvimento psíquico,* que confundem com *desenvolvimento mediúnico,* pois, sobre esse caso de *contato mediúnico,* vou ter que falar ainda.

"Zi-cerô", filho meu, para você ficar bem esclarecido nesta questão de desenvolvimento psíquico, vamos começar supondo que você entre numa "tenda" de Umbanda, que chamam também de "terreiro". Ali você vê 50 ou 100 "filhos-de-fé" uniformizados e tidos como médiuns "desenvolvidos ou em desenvolvimento". Vamos supor ainda que você tenha *vidência positiva* e pela qual seja *orientado* na identificação dos que realmente tenham o selo mediúnico. Você *veria certo sinal característico* na aura de um ou de outro, na altura da região onde se situam determinados plexos nervosos, indicando as modalidades do dom mediúnico que lhes estão afetas.

E nos outros? Neles, você não veria nenhum sinal que orientasse. Que estão fazendo ali aquelas criaturas? Para todos os efeitos, seguindo o entendimento geral e as ordens do "chefe do terreiro", estão "desenvolvendo"... Mas, digo eu, desenvolvendo O QUÊ? Não se revelam mediunidade positiva, atuante, real, visto não serem portadores do selo mediúnico e, portanto, não dão ou não produzem as ligações fluídicas para o contato mediúnico.

Aí, "zi-cerô", é que está o problema. Aí é que deviam entrar com a "mediunidade sem os véus da ilusão", para que esses filhos derivassem suas correntes mentais para outro objetivo que, realmente, pudesse ser mais útil, do que esperar que um dom se manifeste, só porque o desejam ou porque lhes foi dito que o tinham ou que poderiam adquiri-lo...

E hajam a esperar e a fazer "força", dessa ou daquela forma. Fazem até "camarinhas" e quanta ingenuidade de uns e esperteza de outros: – chegam até a deixar que lhes "abram a cabeça" com as tais favas de "obi e orobô"... para que "entre um orixá na forma de um vistoso caboclo ou mesmo de um manso preto-velho"!...[1]

Santo Deus, "zi-cerô"... a ignorância "mata", gera o fanatismo e a "cegueira" do entendimento. Voltemos ao caso, porém...

Qual o objetivo, então, sobre o qual deviam dirigir a educação de suas vontades? Claro que seria o do verdadeiro desenvolvimento psíquico, elucidando-os e educando-os no sentido de despertarem em si os poderes ou forças psíquicas latentes, em benefício do próximo, da caridade. Isso, sem afastá-los da corrente, do aspecto religioso, ritualístico. Fazê-los cônscios de que isso é possível a qualquer um, e é tão nobre quanto "receber" os desejados espíritos.

Envolvê-los em sistemas práticos e simples, de certos exercícios psíquicos e físicos, de algumas instruções e esclarecimentos,

---

1 E o pior nessa questão de camarinha e feitura de cabeça é que usam até sangue para isso. Infeliz do ignorante que assim procede. O sangue é um dos elementos mais inferiores, que mais atrai o baixo astral. Botar sangue na cabeça é "plantar" um quiumba "na cabeça" do infeliz médium.

e estará tudo pronto. Teriam achado nisso um objetivo, uma finalidade para ocupar dignamente toda essa gente, sem lhes pôr os véus de uma mediunidade que não existe, não se revela e que não vem porque eles não a *trouxeram em si*.

Que lhes tirem o véu da ilusão, pois *pesa* tremendamente no carma de uma criatura o ato de se manter alguém em vã esperança, para fins de conveniência própria, quanto se o faz de modo consciente.

Cícero: – Pai-preto, há, porém, uma exceção nisso, se é que você alcançou meu pensamento a respeito.

Preto-velho: – Sim, alcancei seu pensamento. Existem aqueles que não são iludidos ou ingênuos. Não "compram" ilusões a ninguém. "Vendem" a si próprios. São os vaidosos conscientes. Querem ser tidos como *médiuns*. Têm essa vaidade... Com esses, a tarefa é difícil. Possuem mil artimanhas ou expedientes para fazerem prova de seus "dons mediúnicos"! Como são astuciosos!... Tornam-se até humildes... Mas os seus "caboclos", seus "pretos-velhos", esses, sim! Como têm força... Como fazem "curas"! Como resolvem "casos"... Fazem ressaltar essas "virtudes" de maneira sutil, inteligente, oportuna. Ah! "zi-cerô", os "mistérios" de um "terreiro" *por cima e por baixo* SE OS PUDESSE DIZER TODOS!!!

Cícero: – Oxalá me guarde, meu bom "preto-velho" Qual... tenho até tristeza quando penso nas ilusões que são "vendidas e compradas" pelos sabidos aos ingênuos... Assim, "meu velho", desejo que me dê uma idéia da força da Corrente de Umbanda dentro de seus aspectos positivos, reais, em face da mediunidade real que, por certo, há de existir dentro dela.

Preto-velho: – Que Nosso Senhor Jesus Cristo faça a guarda de meu aparelho, pois é por intermédio dele que estou dando estas "Lições" e, portanto, o *visado* diretamente será ele, em virtude de as verdades que vou dizer *contrariarem*, como das outras vezes, os vaidosos, que não querem a luz esclarecedora, porque essa iria *queimar* a cegueira, a ignorância de seus irmãos, esses mesmos que eles *dominam* dessa ou daquela forma.

Sim, "zi-cerô". A Corrente astral de Umbanda tem *força* e tem direitos de execução e de trabalho... movimenta de fato a *magia positiva*, como nenhuma outra no momento...

A Corrente de Umbanda, "zi-cerô", é movimentada e sustentada por ordem do Alto, pelos espíritos que se apresentam como "caboclos", "pretos-velhos" e "crianças". Não só firmou o aspecto religioso, místico, como revelou o fenomênico, terapêutico, astrológico, filosófico,[2] científico[3] e mesmo metapsíquico[4]. Assim é que ficou bem definido que o vértice, a razão de ser e essencial de todo esse movimento, é o dos espíritos sob a forma dos tão decantados "caboclos", "pretos-velhos", etc., que passaram a ser, para os humanos interesses, as "pepitas de ouro" que todos querem. E esses espíritos – em *espíritos e verdade* – dependem, invariavelmente, da faculdade mediúnica de quem as possua de fato, para demonstrarem a potência de suas "ordens e direitos de trabalho", sempre para o benefício de seus irmãos encarnados e desencarnados, exemplificando o verdadeiro sentido da caridade, em nome de N. S. J. C., do qual são humildes trabalhadores.

E é por causa dessa dependência mediúnica dos humanos e devido à dificuldade desse material que existem tantas e tantas interpretações errôneas sobre as "manifestações" atribuídas às Entidades da Umbanda. A confusão é grossa e se faz preciso que este "véio" levante mais algumas *facetas* desse problema.

Note que, além da tremenda confusão que fizeram sobre *mediunidade e atuação,* complicam a situação quando afirmam e pregam que aquela, sendo uma faculdade universal, quer dizer, ca-

---

2,3,4   Veja- se "Umbanda de Todos Nós" e "Sua Eterna Doutrina".

paz de ocorrer em qualquer *pessoa*, define médiuns ou veículos e esses o poderão em qualquer parte, em qualquer ambiente.

E assim misturam médiuns da mesa kardecista no "terreiro" umbandista, dizendo que, se é veículo, tanto dá passividade a irmãos luminares ou sofredores, como aos caboclos, pretos-velhos e até mesmo a Exu...

Erro grosseiro esse, que demonstra, tão-somente, a ignorância dos que assim procedem. De princípio, vê-se logo que esquecem a existência de uma lei que preside a tudo — a Lei de Afinidades, que situa as *atrações e as repulsões psíquicas* ou morais espirituais. Depois, deveriam saber que essa faculdade mediúnica, que é conferida mesmo a qualquer um, surge de acordo com a lei de afinidades, principalmente cármica, e tem predeterminações...

Por tudo isso, você pode deduzir, "zi-cerô", que, se a mediunidade, em geral, já é uma condição rara, quanto mais na Umbanda!... Aí é que se torna difícil *mesmo* uma manifestação positiva de "caboclo" ou "preto-velho"!

Cícero: – Meu velho, mas eu tenho visto, por toda parte, em todos os "terreiros" ou Tendas por onde já "girei", médiuns, às dezenas, manifestados com essas Entidades. Apenas notei ou chamou-me a atenção, o nível dessas manifestações, sempre dentro das mesmas características. O que um faz, via de regra, os outros também fazem. Fumam cachimbo, charutos, dão gritos, fazem trejeitos ou os mesmos gestos, cospem no chão, arregalam os olhos, usam e abusam da mímica e cacoetes, simulam defeitos físicos, principalmente com a perna esquerda, usam o mesmo linguajar, etc., etc. Só queria que me dissesse uma coisa: – será que os verdadeiros espíritos de "caboclos", "pretos-velhos" e "crianças" são assim mesmo? Baixam sistematicamente dessa maneira?

Preto-velho: – Este "véio" responde a "suncê" fazendo interrogações sutis ao seu conhecimento. Se você pergunta assim é porque, no fundo, tem dúvidas e vê-se que observou sensata e friamente... Então? Será que pode aceitar, em sã consciência, como mediunidade, como legítimas manifestações mediúnicas dos caboclos, pretos-velhos e crianças, essas *alterações psíquicas,* melhor diria, *aberrações psíquicas* comuns de "terreiro" e que notou nas criaturas ditas médiuns, ou "cavalos" (até "burros") quando dão esses gritos, fazem trejeitos ou contorções no corpo, nas faces, sempre com um charuto ou cachimbo na boca, olhos tortos ou esgazeados, usando um linguajar impressionante e decorativo intercalando termos de baixo calão, principalmente as "entidades" sob a forma de crianças... enfim... fazendo tudo isso em nome das Entidades? Será que as verdadeiras manifestações dos Guias e Protetores são invariavelmente assim, nesse *estilo,* em todos eles?

Não acha que tudo isso não passa de cópia de cópias? Não acha que isso tudo pode se enquadrar perfeitamente no *hábito* de tanto *ver e repetir* a mesma *coisa* em toda parte?

"Zi-cerô", é lamentável, mas "preto-velho" diz:– por que não tiram DE VEZ os véus ilusórios desses filhos, pelo menos para os que buscam a verdade, mesmo que seja amarga como fel?

O fato é que você pode qualificar os que se apresentam dentro do exposto, de duas formas: ou estão sendo vítimas da *atuação dos quiumbas,* ou estão *possuídos* unicamente por seus *cascudos,* que são criações anímicas.

Repito, em verdade e mais uma vez: Caboclos, Preto-velhos e Crianças nunca "baixaram nem baixam" dessa forma.

Cícero: – Bem, "preto-velho", mas na legítima manifestação dessas Entidades, não se dá, forçosamente, alguma alteração sobre o aparelho?

Preto-velho: – Claro, "zi-cerô", mas nunca do modo descrito... Certas alterações ocorrem, fisionômicas e até nos órgãos motores, como é o caso dos preto-velhos, mas sempre são alterações coordenadas, disciplinadas. Sempre revelam o aspecto da expressão positiva, sobre a fisionomia normal do aparelho, máxime na sua parte sensorial ou psíquica. Para lhe dar um exemplo bem claro: – o "preto-velho", quando "baixa", não exibe logo o lábio inferior torto (a "beiçola", se me perdoa a expressão), como se com isso quisesse caracterizar um atributo sugestivo e característico da raça negra.

Cícero: – Pai-preto, "vosmicê" já situou o problema do *ser ou não ser* médium, partindo da predisposição causal... Isso entendi bem. Mas não pode repisar um pouco mais essa questão dos "cascudos" ou das criações anímicas? Creio ser um dos pontos mais importantes.... Servirá para esclarecer muitos filhos-de-fé, que deixarão de *comprar e vender ilusões mediúnicas* e que assim procedem por ignorância e mesmo dentro da ingenuidade dos simples.

Preto-velho: – De fato, meu filho. Devemos reconhecer que existe um estado de sugestão mediúnica coletiva, causado em grande parte pela má orientação de uns e de outros, assimilada dos livros da corrente espiritista, tomados ao pé da letra, nos quais deixam transparecer, sempre, que todo mundo é médium... Todavia, pergunta este "preto-véio"? Médiuns de quê? De contatos mediúnicos positivos, com missão ou provas definidas a cumprir ou como criaturas sujeitas às atuações de espíritos? Há que compreender bem essa diferença, conforme falei atrás.

Porque, "zi-cerô", é preciso se observar, sensatamente, que a maioria das criaturas pode *sofrer atuações de espíritos,* sem serem, positivamente, médiuns ou veículos para contatos mediúnicos positivos.

Milhares e milhares de pessoas nascem e morrem, sem nunca terem sentido absolutamente nada que se relacione com mediunidade ou fenômenos espiríticos... E não é só. Dezenas e dezenas de pessoas trafegam e freqüentam até, assiduamente, as correntes ditas mediúnicas, para "desenvolverem" e acabam reconhecendo que jamais sentiram, verdadeiramente, algo que pudessem definir, honestamente, conscientemente, como um contato mediúnico ou fluidos positivos.

Quase todos (os que, realmente, vêm buscando a luz esclarecedora da verdade), depois de um teste e dos esclarecimentos necessários, acabam com aquele "mar de dúvidas" que povoavam sua mente e a atormentavam, simplesmente por terem desistido de "receber" espíritos imaginários.

Assim, destruíram conscientemente suas velhas *criações anímicas* – os seus "cascudos", juntamente com as respectivas *manias...* Existem ainda os neuro-anímicos, criaturas com doses elevadas de sensibilidade nervosa, impressionáveis, que, assim sendo, *não o são necessariamente,* por terem sensibilidade mediúnica. Essa sensibilidade é diferente da outra, é claro.

Cícero: – É "Pai-preto", como reconhecer esses neuro-anímicos, assim, dentro de uma análise prática?

Preto-velho: – Não é difícil filho... Basta observá-los e conversar com eles ou, melhor, ouvir as suas conversações, pois essas giram, sempre, em torno dos mesmos assuntos. Um indivíduo que freqüenta uma corrente mediúnica e é um neuro-anímico, constantemente tem a conversação agitada, fruto das dúvidas que o seu psiquismo faz refletir nela. Volta sempre a falar dos fenômenos mediúnicos a que assistiu, viu ou supôs ver... É um impulsivo. Refere-se a todo instante a seus "protetores". Conta casos e mais casos em que "eles" atuaram, e com sucesso, na ânsia inconsciente de pôr em relevo a sua "mediunidade", para os outros a analisarem e acalmar, assim, as suas dúvidas... Isso tudo, porque está lhe faltando a convicção própria sobre mediunidade, é claro. Um neuro-anímico vive de *idéias fixas* nos seus "protetores"...

Sim, "zi-cerô", porque, nessa altura, ele não passa de um eterno descrente, não tem consciência, certeza, das coisas que ele supõe estarem se passando consigo. Porque nessa *altura mesmo,* o que está imperando nele são os seus "cascudos" ou as suas criações anímicas, plasmadas pelos seus desejos, através dos respectivos pensamentos, velhos e repetidos pensamentos, sobre o "caboclo" ou o "preto-velho" tal e tal...

Esses pensamentos sendo alimentados por ele e robustecidos por outros irmãos semelhantes, que povoam o ambiente do "terreiro", consolidam o seu clichê astral e fazem surgir a *imagem* constante em sua mente, do "protetor" que ele tanto deseja.

Cícero: – Então, meu bom "preto-velho", aí estão as razões positivas, claras, insofismáveis das vacilações que tenho notado, nos que se dizem médiuns conscientes, não é?

Preto-velho: – Sim, meu filho. Em grande parte e tudo por falta de esclarecimento, e muito mais pela conveniência dos que querem ter os "terreiros" cheios de "médiuns"... Pois, "zi-cerô", aqui é preciso que entre em jogo o *discernimento*, para poder separar esses neuro-anímicos, que são *maioria* e que não têm nenhuma mediunidade positiva, mas que querem ser *médiuns de incorporação*, dos que, realmente são médiuns, mas de *irradiação intuitiva* e que, também, pretendem ser de *incorporação,* por serem levados a se considerar como *médiuns conscientes,* embora queiram ser ou digam para os outros que são médiuns inconscientes.

Esses médiuns de *irradiação intuitiva* também vivem num "mar de dúvidas" e com a consciência em agonia lenta, porque se empolgam, ficam vaidosos e caem na faixa dos neuro-anímicos e fazem coisas e mais coisas, fazem artes mágicas, usando o nome dos Guias e Protetores e depois... a consciência começa a apertar e lá vem o drama íntimo, os recuos, os remorsos, etc. Como vê, "zi-cerô", o problema é sério e complexo. É preciso paciência e tolerância, porque no fundo de tudo está "a mãe ignorância"...

Então, para que esse problema seja estudado pelos que pretendem liberar-se das dúvidas e agonias de consciência, vou esclarecer, mais uma vez, a mediunidade, já qualificada na Umbanda como Mecânica de Incorporação, que é a que vem sendo tão desejada, confundida e praticada.

Nessa modalidade mediúnica não existe a *fase* chamada dos médiuns conscientes. Essa Mecânica de Incorporação tem somente DUAS FASES: a INCONSCIENTE e a SEMI-INCONSCIENTE. A Inconsciente, rara e própria dos que estão ainda muito obscurecidos, é, no meu linguajar de "terreiro", a dos "cavalos bravos" e dos que precisam ser domados à força.

Nela, o aparelho ou médium conhece ou se familiariza com os contatos de aproximação de seu Protetor, antes de perder a consciência, ou seja, antes de ser dominado, completamente, nas suas partes psíquicas, sensorial e motora... Ele registra, sempre, os mesmos sinais de aproximação e domínio sobre si, da Entidade e que precedem à sua incorporação, pelos toques fluídicos, característicos, que ele, protetor, lança, através de seu sistema neurossensitivo. São sempre os mesmos: – tremores fluídicos ou sensibilidade exaltada em certas zonas nervosas e, sobretudo, a sensação de que vai adormecer, subitamente. Uma série de bocejos são indícios seguros de que o contato mediúnico está pronto a se concretizar. Todos os médiuns de incorporação, na fase inconsciente, sabem que isso é pura verdade; são, esses contatos, de aproximação e domínio, inconfundíveis para ele. Ele sabe quando é o caboclo, preto-velho, etc.

Agora, vem a FASE SEMI-INCONSCIENTE, mais acentuada, em virtude de ser a mais adequada às condições de nossa corrente astral e mesmo por ser a que dá mais certeza, mais confiança, mais convicção ao aparelho. Nessa, o médium sabe quando está, também, com seus contatos positivos, porque ele sente suas partes psíquica, sensorial e motora serem atingidas e dominadas, sempre da mesma forma.

Nessa fase semi-inconsciente, também, os fluidos de contato do protetor se localizam e vibram, sempre, nas mesmas zonas nervosas, com as mesmas vibrações sensoriais, os mesmos tremores fluídicos neurossensoriais a par com a sensação psíquica de atordoamento ou de meio adormecimento. Dentro dessas condições dá-se uma espécie de desprendimento involuntário da vontade sobre o sistema nervoso do médium, que deixa de controlar em 70% (cálculo relativo) o seu corpo físico, ou seja, os seus órgãos, principalmente o vocal e fica com o seu consciente ou psiquismo, assim como que "alheio" ou sem força para interferir diretamente (pode interferir ou cortar o contato mediúnico se sua Entidade de Guarda achar, por qualquer razão superior, que assim deva ter força para isso).

Quanto ao movimento de seu corpo ou membros, não tem domínio, embora os sinta como seus mesmos. E para exemplificar mais ainda: a Entidade incorporante poderia usar a mão do médium para dar um soco numa parede que ele não teria força para frenar. Isso, meu filho, é, positivamente, em linhas simples, o que se pode considerar como a fase semi-inconsciente, na mecânica de incorporação.

Assim, "zi-cerô", confundir *essas duas únicas* fases da mecânica de incorporação com a modalidade de *Irradiação intuitiva,* chamada ou qualificada erroneamente como a dos médiuns conscientes, porém, de *incorporação*, por ignorância, é perdoável, mas sugestionar as criaturas nesse sentido é erro gravíssimo, pois os que assim procedem estão criando ou alimentando as condições para que essas criaturas se tornem: – primeiro, em neuro-anímicas; segundo, em fanáticos; terceiro, em vaidosos... É imperdoável isso e vai pesar, seriamente, na cobrança cármica, dos que assim induzem ou sugestionam os outros.

Portanto, "zi-cerô", vou falar dessa *Irradiação intuitiva*, confundida e sugestionada (repito) como a de médiuns conscientes, para ajudar os que, honestamente, procuram esclarecimentos... por viverem, também, "num mar de dúvidas"...

A Irradiação intuitiva é, justamente, a faculdade mediúnica mais comum, a mais fácil de ser *despertada*, porque, sendo a mais *dis-*

tribuída pelas criaturas, se adapta ao plano mental da maioria, por não provocar fenômenos maiores, nem mesmo se faz sentir, com *alterações* no sistema neurossensitivo e muscular do médium, ao mesmo tempo que não altera o seu psiquismo em quase nada...

Digo quase nada porque a série de *sensações* psíquicas que precede o contato de uma Entidade que vai irradiar sobre o médium se processa como uma espécie de mensagem telepática, que ele faz descer sobre seu campo mental e que ele – médium, vai assimilar, para, conscientemente, *retransmitir...*

Naturalmente que o sistema neurossensorial do médium também é vibrado, por certa classe de fluidos, em forma de uma leve corrente elétrica, que são os primeiros sinais de que a Entidade está procurando o contato telepático.

Esses sinais, essa corrente "elétrica" ou fluídica, também são inconfundíveis no aparelho que está bem desenvolvido, nessa faculdade. Cada um tem suas zonas nervosas ou sensitivas que registram, sempre, nos mesmos lugares, esses fluidos, etc.

É essa irradiação intuitiva que se torna mais comum nas correntes mediúnicas. É essa, justamente, a que vem causando tanta celeuma e tantas dúvidas nos filhos-de-fé que, invariavelmente, querem derivá-la para a mecânica da incorporação, pois ninguém se conforma com a "coisa"; querem "receber" um caboclo ou um preto-velho de qualquer jeito.

Pudera! Também não recebem esclarecimentos sinceros nesse sentido. Quase todos os chamados "chefes de terreiros", ou ignoram também essa questão, ou alimentam a ilusão dessa gente, por vaidade ou conveniências diversas.

Querem o terreiro cheio de "médiuns". Isso é bom. Dá muito cartaz a eles... Aí, dá-se um fenômeno curioso: há os que, ainda lutando com certa dose de sinceridade espiritual, se conformam em serem classificados como "médiuns conscientes", para não dispensarem, de forma alguma, a presença pública de seu "protetor". Esses concordam e dizem que são "conscientes"... Sofrem muito, se aborrecem, reclamam, etc., porque, dizem, sabem de tudo que se passa"...

E há os *outros*, que são maioria e se constituem nos *irredutíveis*, ninguém deve contradizê-los abertamente. Estão cegos, imbuídos de tanta vaidade e fanatismo que, de forma alguma, confessam que são "médiuns conscientes", isto é, que são realmente médiuns de *irradiação intuitiva*, para se classificarem dentro da mecânica de incorporação. Eles, coitados, já têm "sofrimentos" diferentes dos primeiros. "Não sabem de nada", dizem... São completamente "inconscientes", e como "sofrem esses filhos-de-fé"... Não sabem o que seu caboclo ou preto-velho vai fazer. Têm supostos temores e confessam, "singelamente", que preferiam ser "consciente", porque ficariam sabendo de "tudo" e aprenderiam...

No entanto, são os mais dignos de pena, porque os seus dramas mediúnicos são dolorosos. Sofrem, sim, e nesse caso, dolorosamente. São os mais incertos porque vivem sem terem coragem de confessar os seus dramas íntimos ou de se esclarecerem em suas dúvidas. Mas não falam. A vaidade não deixa... E cuidado, "zi-cerô", não contrarie nunca um vaidoso que, via de regra, está fanatizado. Ninguém o convence. O seu despertar virá, naturalmente, de acordo com as experiências que possa ter e com as desilusões que terá, com certeza, em quantidade.

Assim, não demorará em se tornar um descrente e abandonará tudo. É triste, mas essa é a dura realidade. Passam a tecer críticas às suas atuações passadas, como se tivessem sido ludibriados por terceiros, e assim procedem visando a ferir aqueles que, verdadeiramente, conservam a convicção de suas faculdades reais, já testadas ou esclarecidas por pessoas criteriosas e entendidas e mesmo por Entidades de verdade, em positivos médiuns que, felizmente, ainda existem, embora raros.

Portanto, "zi-cerô", que os "filhos-de-fé" não desprezem a faculdade de *irradiação intuitiva*. É tão boa quanto as demais. Dá proteção, pois só vem com a Entidade protetora. Esta assiste a tudo, pois é ela mesma que irradia. Não é coisa abstrata.

Cícero: – Estou satisfeito. Não precisa dizer mais nada, pois já compreendi tudo.

Preto-velho: – Então, "zi-cerô", as criaturas que são reveladas como aparelhos da genuína corrente de Umbanda são escolhidas a *dedo*, levando-se em conta as ligações cármicas anteriores com essa corrente ou coletividade astral e humana, dentro da lei de afinidades que deve presidir a essa escolha. Elas recebem o selo mediúnico ou a manipulação especial para o contato mediúnico, tendo-se em vista até o signo de seu nascimento, para que possam ter as condições psíquicas e energéticas requeridas, pois, como veículos que vão ser, será também nelas que vai se processar o campo de ação das Entidades que vêm com ordens e ações amplas, no terreno da magia, da terapêutica, etc., condições essas que só se identificam na umbanda.

O médium umbandista deve ter condições psíquicas e orgânicas (vitais) para enfrentar toda movimentação de forças relacionadas até com o baixo mundo astral e com os espíritos ditos como Exus, etc.

O seu campo de ação no terreno da caridade abrange *tudo*, desde que esse *tudo* seja sempre para o bem de seus irmãos.

Ora, é claro que não se encontra essa movimentação de práticas ou forças mágicas e fenomênicas em outros setores, por exemplo, da corrente kardecista. Os espíritos que nessa corrente circulam, também, para o bem e dentro de suas missões têm ordens limitadas ou ações circunscritas.

Isso porque não posso comparar o volume de experiências, o número de encarnações, a soma de conhecimentos gerais e especiais de um "preto-velho", de um "caboclo", mais sei que é maior, bem maior, e muitos dos que são classificados como Guias e Orixás Intermediários, não têm mais a necessidade cármica pelo *reajuste* das encarnações.

Poderão fazê-lo, se quiserem, mas, na *lei*, esta condição foi superada. Posso asseverar que um Pai-Guiné, um Pai-Jacó, um Pai-Benedito, um Pai-Tomé, um Pai-João, um Pai-Tibiriçá, etc., bem como um Caboclo Ubiratan, Urubatão, Sete Flechas, Irapuan e outros, todos na função de Guias, são prepostos dos magos da alta sabedoria, são mentores e jamais poderiam, pela suavidade de suas *auras,* pelas emanações fluídicas de suas vibrações, "baixar" de um modo que transforme os aparelhos em transitórios fantoches, de aspectos até chocantes...

E para arrematar esse tema, "zi-cerô", quero dar alguns conselhos aos umbandistas, especialmente aos aparelhos positivos (médiuns ou "cavalos") para complementar o que falei sobre as condições psíquicas e orgânicas.

1º) Conserve sua saúde psíquica, vigiando seu aspecto moral:

a) não alimente vibrações negativas de ódio, rancores, inveja, ciúmes, etc.;

b) não fale mal de ninguém, pois não é juiz e, via de regra, não se pode chegar às causas pelo aspecto grosseiro dos efeitos;

c) não julgue que o seu *Protetor* é o *mais forte, o mais sabido,* mais, muito mais do que o de seu irmão, aparelho também;

d) não viva querendo impor seus dons mediúnicos, contando, insistentemente, os *feitos* do seu guia ou protetor. Tudo isso pode ser bem problemático e não se esqueça de que você pode ser testado por outrem e toda a sua conversa vaidosa ruir fragorosamente...

Dê paz ao seu protetor, no astral, deixando de falar tanto no seu nome...

Assim você está se fanatizando e aborrecendo a Entidade, pois, fique sabendo, ele, o Protetor, se tiver mesmo "ordens e direito de trabalho" sobre você, tem ordens amplas e pode discipliná-lo, cassando-lhe as ligações mediúnicas e mesmo infringindo-lhe castigos materiais, orgânicos, financeiros, etc.

e) quando for para a sua sessão, não vá aborrecido, e quando lá chegar, não procure conversas fúteis. Recolha-se a seus pensamentos de fé, de paz e sobretudo de caridade pura, para com próximo.

2º) Não mantenha convivência com pessoas más, viciadas ou invejosas, maldizentes, etc. Isso é importante para o equilíbrio de sua aura, dos seus próprios pensamentos. Tolerar a ignorância não é partilhar dela. Assim:

a) faça todo o bem que puder, sem visar recompensas;

b) tenha ânimo forte, através de qualquer prova ou sofrimento: confie e espere;

c) faça recolhimentos diários, pelo menos de meia-hora, a fim de meditar sobre suas ações;

d) não conte seus "segredos" a ninguém, pois sua consciência é o *templo* aonde deverá levá-los à análise;

e) não tema a ninguém, pois o medo é uma prova de que está em débito com sua consciência;

f) lembre-se de que *todos nós erramos*, pois o erro é humano e fator ligado à dor, ao sofrimento e conseqüentemente às lições com suas experiências. Sem dor, lições, experiência, não há carma, não há humanização nem polimento íntimo – o importante é que não erre mais, ou melhor, que não caia nos mesmos erros. Passe uma esponja no passado, erga a cabeça e procure a senda da reabilitação: para isso, "mate" a sua vaidade e não se importe, de maneira alguma, com o que os outros disserem e pensarem a seu respeito. Faça tudo para ser tolerante, compreensivo, humilde, pois assim só poderão dizer boas coisas de você.

3º) Zele por sua saúde física com uma alimentação racional e equilibrada:

a) não abuse de carnes, fumo, álcool ou quaisquer excitantes;

b) no dia de sessão, não use carne, café ou quaisquer excitantes mais de uma vez;

c) de véspera e após a sessão, não tenha contato sexual;

d) mensalmente, na fase de lua crescente, use esse poderoso tônico neuropsíquico mediúnico, sempre à noite: uma colher de sopa de sumo de agrião, batido com duas colheres de sopa de mel de abelha. Pode usá-lo antes de cada sessão em que for trabalhar;

e) todo mês deve escolher um dia para tomar contato com a Natureza, especialmente a mata, uma cachoeira, etc. Ali, deve ficar lendo, meditando... pois assim ficará a sós com sua própria consciência, fazendo revisão de tudo que lhe pareça ter sido positivo ou não, em sua vida material, sentimental e espiritual.

Cícero: – É "preto-velho", esses conselhos vão achar *endereços certos*... realmente a maioria dos médiuns com quem tenho conversado estão em tal estado de empolgamento a respeito de seus "guias, de seus protetores", que já se julgam "pequenos deuses"... terrenos.

Assim, meu bom "velho", agora vou entrar com uma pergunta um tanto ou quanto delicada e profunda, de grande importância...

Farei essa pergunta, dadas as *chaves* que "vosmicê" deu sobre astrologia esotérica, demonstrando com isso que "os caboclos, pretos-velhos", etc., da Umbanda, jogam com esses conhecimentos, sempre para o bem dos filhos necessitados...

Portanto, existe também a Quiromancia e Quirologia médica e eu já observei "vosmicê" aconselhar e dizer *coisas* às pessoas examinando as suas mãos? Pois bem. Dentro disso, podes me dizer se o *médium de fato* traz em si algum sinal, visível, sensível e palpável que indique ser portador ou que revele esse selo mediúnico de que falou atrás?

Preto-velho: — Oh! Filho sagaz. Por certo que essas ciências existem e sempre existiram... Outrora, eram *coisas* sérias, muito precisas. Havia *aqueles* que possuíam o segredo ou o estudo positivo desses ramos das ciências ocultas... Porém, hoje em dia, tudo isso gira mais pelo aspecto comercial. A indústria dos horóscopos e da "buena-dicha" está muito propagada. Os horóscopos[5] seguem

---

5   NOTA DO AUTOR: Nessa altura, deve levantar um ângulo essencial sobre esse tema de horóscopo X astrologia esotérica... Esse ângulo vem a ser o fio certo de que "preto-velho" não quis falar, diretamente. Eu o faço, de acordo com *lições* anteriores dessa mesma Entidade para "os que tenham olhos de ver e ouvidos de ouvir"... Ora, essa questão de *levantamento* do horóscopo individual, tão propalado, procurado, encomendado e seguido por milhares e milhares de criaturas, da *forma usual* como a maioria dos que se dizem astrólogos ocultistas o fazem, caem pela base ou, melhor, seguem um padrão geral ou... um padrão estilizado, comercial... Por que assim? Porque a base geral seguida para o *levantamento* dos tais horóscopos é, *invariavelmente,* a posição cósmica dos planetas, por ocasião do nascimento de uma pessoa, dentro de regras estabelecidas e que determinam o planeta governante, o co-governante, o ascendente, etc. Todos esses são fatores importantes, não resta a menor dúvida, porém, não são o *suficiente ainda* para revelarem as predispo-

um *padrão* geral. A Quirologia é quase desconhecida e da Quiromancia só se vêem as interpretações deturpadas de uma *tradição empírica,* oriunda das tribos ciganas, muito falha, portanto.

---

sições especiais ou particulares de um carma, de um organismo, enfim, as tendências psicomorais espirituais de uma criatura...

Claro. A posição dos planetas, suas conjunções, etc., nas horas em que eles estão governando, por ocasião de um nascimento, para o levantamento do horóscopo, são fatores... mas fatores complementares. Baseado tão-somente neles, um horóscopo individual fica *incompleto,* visto que, assim, só se *registram* as influências particulares relativas a esses planetas, marcando predisposições gerais, simples. Falta, portanto, um elemento vital, essencial, que revela a base ou a *linha mestra* das predisposições especiais, das influências diretamente relacionadas com aspectos particulares, que podem reger a *vida* de uma pessoa.

Que não se agastem comigo os astrólogos ocultistas que entenderem ser isto que afirmo uma *indireta* ou uma carapuça... pois conheço alguns corretos e muito competentes.

Quase que estou "lendo" a pergunta mental que farão quando lerem esta nota. Mas o que estará faltando, oh! Senhor Matta e Silva? Ora, está faltando o *elemento básico, essencial que denomino de linha de força ou o tatwa individual.* Sem o elemento desse tatwa individual, um horóscopo perde, no mínimo, 50% de seu valor...

Assim, passo a *indicar* esse fator essencial, dentro do nexo, da lógica dos fundamentos ocultos... Preto-velho já falou de linhas de força (o mesmo que tatwas) e nós acrescentamos uma nota. Releiam, meditem e consultem a literatura ou os ensinamentos sobre o assunto. Indico a obra de Rama-Prasad e outras da editora "O Pensamento"...

Então? Leram? Meditaram? Portanto, é um fato que os tatwas são os elementos radicais, são mesmo "as forças sutis da Natureza" que a tudo presidem, porque são a própria "natura naturandis" – são o que forma, desde um micro a um macrocorpo ou organismo, ou seja ainda, a tudo que se possa entender como o Macrocosmos. Esses tatwas – com seus elementos – tanto dão formação ao organismo de um verme, como ao "organismo" de um planeta... Enfim: os planetas sofrem a influência dos tatwas e nunca ao contrário. Cada tatwa ou *linha de força* revela suas *qualidades especiais sob todos* os aspectos... Assim, vou levantar o fio da questão fundamental: — quando se processa um ato generativo (carnal), é lógico que ele *acontece* dentro dos minutos em que *um tatwa impera.* Portanto, foi (ou é) sob a *força* ou a corrente de energia especial desse tatwa, que *isso aconteceu* (ou acontece) e esse ato *recebeu,* é claro,

É um fato inegável que o *fio certo* das interpretações, isto é, *o código verdadeiro* das interpretações dos símbolos, está perdido[6].

toda potência energética desse dito tatwa. Certo? E é em conseqüência desse ato que surge o embrião, o feto e naturalmente o corpo físico de um ser ou do espírito que encarna... Certo?

Quando por ocasião de *um nascimento,* precisamente nos minutos em que o ser é "empurrado", *de dentro para fora,* isto é, que surge para a vida física propriamente dita, exterior, isto *aconteceu* (ou acontece), positivamente, nos minutos em que *um tatwa dominava* (ou domina)... Certo?

Quando por ocasião de uma "morte", isto é, do desencarne, isso acontece, com os últimos suspiros, também precisamente, no decorrer dos minutos em que *um tatwa domina* (ou dominava)... Certo?

Agora, juntarei o fio certo da coisa: – *no ato generativo (carnal), no nascimento e na morte (natural) foi sempre o mesmo tatwa que fez, trouxe e levou a criatura e será, sempre,* dentro da força ou da influência desse mesmo tatwa que sua vida vai *transcorrer...* E então? Então, todas as predisposições ou tendências e condições desse organismo ou dessa criatura, podem ser *estudadas* com 80% de acerto, pelas *qualidades especiais ou particulares desse dito tatwa, que passa a ser o seu tatwa individual* – o elemento básico, imprescindível num horóscopo e os planetas os elementos ou os fatores complementares, etc... Creio ser o bastante para que se entenda a *coisa* suscitada... E finalmente: – para que se *levante* um horóscopo *correto,* esse tatwa individual é vital, bem como é imprescindível o dia, a hora e os *minutos certos* ou pelo menos, aproximados da hora de um nascimento. Sem isso – nada feito...

6   NOTA DO AUTOR: A antiga Ciência Hindu, de *ler as mãos,* ou como nós chamamos, a Quirologia, a Quiromancia, etc., tem sua origem recuada nos séculos. No entanto, seu apogeu ou sua antigüidade histórica tem uns 6.000 anos e sua *fonte* se encontrava nos templos de Benares, na Índia. Possuíam livros científicos, no sânscrito, guardados zelosamente. Uma especial casta sacerdotal era a depositária desses segredos, desses ensinamentos, transmitidos de geração em geração. Guerras, revoltas, cataclismos sociais, invasões, etc., deram margem a que profanos saqueassem os templos e se apoderassem desses livros, que revelavam essas ciências. Caíram, assim, em mãos profanas e ambiciosas, de pessoas de pouco alcance intelectual e espiritual. Mandaram traduzir esses dito livros, por elementos que também não souberam interpretar bem *o espírito da letra,* código interpretativo, a fim de explorá-los e logo essa ciência caiu no domínio público, degenerada, deturpada. Foi assim que surgiu na Grécia, a par com a Magia Egípcia, também degenerada, pelas mesmas condições. Essa e aquela passaram ao domínio de inescrupulosos, que se trans-

Porém, deixemos isso de lado. Vou responder à sua pergunta. Sim, o verdadeiro médium — esse que tem os *positivos contatos mediúnicos*, esse mesmo cujas Entidades protetoras trazem sobre ele *ordens e direitos de trabalho*, traz sobre a palma de sua mão esquerda (às vezes na direita, também) esse selo mediúnico, que pode surgir em dois aspectos: o simples e o conjugado ou completo.

No *aspecto simples*, ele consta ou surge, representado por um *triângulo isolado*, sobre o Monte de Vênus, *naqueles* cuja mediunidade está dentro de um Carma probatório. Esse selo simples, representado por esse triângulo simples e independente, *traduz apenas* a parte identificadora da pura condição mediúnica, isto é, da existência da faculdade em si e *não traz* a indicação conjugada – de ligação ao aspecto iniciático.

Então se um médium tem verdadeiramente os contatos positivos (sim, porque a maioria pode ter influências medianímicas, manifestarem-se até, levando algum tempo dentro de condições promissoras, mas acabam sempre desvirtuando, sofrendo injunções dos ambientes, da vaidade, etc., então não se fazem definir sobre eles as *indispensáveis ordens e direitos de trabalho)* de uma Entidade protetora, mesmo que ele seja de carma probatório ou, me-

---

formaram nos *magos negros,* que as usaram de tais formas negativas, que veio a necessária perseguição e extinção... Assim, a Quiromancia desapareceu completamente por uns 1.600 anos. Depois era usada sigilosamente e por escrito nada existia. Por volta de 1840, surgiu na França um tratado empírico, um bom ensaio, do *Capitão D' Arpentigny* e, logo a seguir, o do depois famoso *Desbarolles,* que fez renascer muitas interpretações certas, que pôde colher na tradição oral de algumas tribos ciganas. Mas é bastante incompleto. A interpretação é muito pessoal. Falta-lhe *o fundo* científico. Ele não conseguiu achar o código secreto da verdadeira interpretação de *certos símbolos...* Outros investigadores surgiram e vão surgindo, ajudados por faculdades supranormais e pouco a pouco têm surgido muitas verdades dessas maravilhosas ciências, que revelam, quer as doenças, quer o Carma ou, melhor, as predisposições cármicas das humanas criaturas...

lhor, de mediunidade probatória, esse selo simples surge logo que esse médium começa a se compenetrar de sua responsabilidade em face dessa condição, isto é, quando começa a pesar conscientemente as suas condições de reajuste.

Agora, *o aspecto completo ou do selo conjugado,* só é conferido ou somente surge nos *médiuns Iniciados pelo astral* e que têm também, é claro, os positivos contatos mediúnicos, com ordens e direitos de trabalho.

Esse selo mediúnico completo surge como um signo conjugado, pelas linhas ou sulcos que dão formação a um *triângulo dentro de um quadrilátero,* debaixo do dedo polegar esquerdo, na zona dita como do Monte de Vênus. Esse selo ou signo conjugado, formado assim (às vezes esse triângulo pode surgir dentro de um Perfeito quadrado), pode ficar em qualquer parte dessa *zona de Vênus,* mas geralmente aparece mais para cima, perto da percussão. Esse monte é o maior dentre todos. O sinal do selo mediúnico só é *completo* quando o signo é conjugado, isto é, quando o *ângulo esquerdo e inferior* desse *quadrilátero* está cortado de dentro por uma linha ou sulco, que dá formação a um *triângulo.*

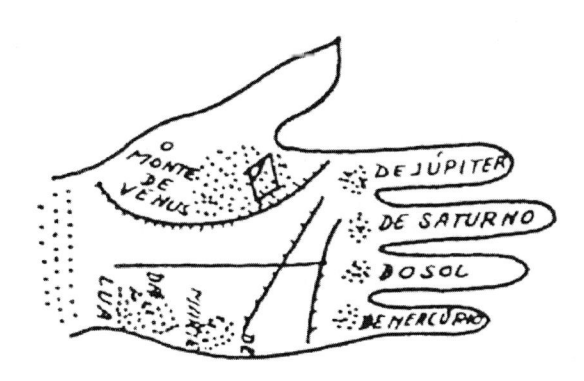

Eis o selo conjugado, para uma identificação simples, no croquis da mão, na dita zona do *Monte de Vênus.*

Quando, dentro desse quadrilátero, o triângulo está no seu ângulo inferior esquerdo (conforme croquis da mão), indica positivamente que o seu possuidor é médium de Carma Missionário, isto é, que tem importante *missão* sobre um *meio* ou coletividade, quer no aspecto religioso, espiritual, iniciático, etc.

Cícero: – Muito bem, "Pai-G..." Nesse aspecto, posso considerar a presença desse sinal como uma regra sem exceção?

Preto-velho: – Não, meu filho. Não há regra sem exceção. *Tem exceção e variação*. Há razões superiores, relacionadas com esses dois casos, que este "preto-véio" não alcança...

Esse selo pode não surgir como *sinal* físico na palma da mão humana do médium, quer de *carma evolutivo, quer missionário*...

Todavia, na mão de seu corpo astral, esse selo consta. Isso já é trabalho de identificação para um *vidente* ou *clarividente* ou para uma Entidade incorporada. E quanto a variação é o seguinte: – no médium de *carma evolutivo*, a posição desse *triângulo* pode-se descolar para qualquer um dos *ângulos desse quadrilátero,* bem como, além dessa condição ou dessa variação de ângulos, pode aparecer sobre qualquer um dos sete montes da palma de sua mão, muito especialmente no *monte próprio de seu Planeta Regente*.

Não acontece assim, no médium de *carma missionário*. Nesse o monte onde surge o *selo dos magos* é sempre no de *Vênus*, por ser o do Poder Criador, do Amor Sublimado, etc., e ainda porque essa zona de *Vênus* está localizada, precisamente, debaixo do polegar e sofre todas as flexões de suas falanges. Ora o polegar é o dedo que reflete a *parte cortical do cérebro* (ou melhor, da glândula pineal ou hipófise) que é a sede do Raciocínio, da Vontade, da Inteligência, etc. O polegar é o dedo que comanda os demais. Medite sobre a lei de analogia e relacione essas razões, oh! filho de fé...

Cícero: – Bem, meu velho, queira me perdoar, mas vou insistir mais sobre esse selo. Seu aparelho me informou que ele não consta em nenhum dos tratados existentes sobre Quirologia e Quiromancia. Deve ser muito importante mesmo ou e como dizes: "eles perderam o fio certo ou o código dessas ciências"... assim, há mais algum significado oculto sobre esse selo? Podes adiantar mais isso"...

Preto-velho: – Sim, meu filho... há um significado mais profundo ainda. Esse selo mediúnico completo se diz *conjugado*, porque consta, como se vê no desenho da mão, de um *ternário dominando o quaternário*. É de fato o símbolo perdido pela tradição... o verdadeiro *Símbolo do Setenário*. Ele é, exatamente, o verdadeiro *Selo dos Magos*. Sendo o símbolo a quintessência de uma idéia, esse tinha que traduzir materialmente em suas linhas, ou forma geométrica, um cliché-astral, que, dentro da *lei da analogia*, representasse um *selo, uma carta, uma outorga;* nada mais claro, nada mais intuitivo, do que o ternário dominando o quaternário ou seja, o triângulo dentro de um quadrado ou quadrilátero, porque assim revela positivamente a manifestação visível, sensível e palpável do Setenário, que não tem símbolo definido dessa maneira. Somente no *tarô,* na interpretação do *arcano número 7*, se vê uma aproximação, quando se examina o *cetro* do mago que consta de um triângulo sobre um círculo que está preso a um quadrado.

E o que é o Setenário? O Setenário é o número ou símbolo mais sagrado. Nele se vê a Trindade, a Tríade Divina, no Triângulo. O *triângulo* é o símbolo do Universo, como manifestação dos *três mundos*: o mental, o astral e o material. Traduz o aspecto do Divino, do Perfeito, do Equilíbrio. E o quartenário, simbolizado no quadrado? Reflete a força ou o poder dos *quatro elementos da Natureza,* conjugados pelos poderes desse ternário.

Esse *Selo dos Magos,* que é o verdadeiro símbolo do Setenário, é mais importante mesmo do que os símbolos ou linhas conhecidas como *iniciáticas e de poderes,* tais como o *Exagrama místico de Salomão, o Pentagrama, a Estrela dos Magos ou Estrela*

Tatwica, o Anel de Vênus, o Anel de Saturno, o Triângulo isolado, etc. Todos esses símbolos também revelam poderes ou condições supranormais ou psíquicas em quem possuir um ou mais deles nas mãos.

Assim, este "Preto-véio" chama a atenção daqueles que identificarem esse dito selo em suas mãos, para o fato de que o têm, porque foram aceitos, dentro do grau apropriado, como *filiados à Corrente dos Magos.* É o sinal da Iniciação pelo astral. Portanto, cuidado, muito cuidado com o que pensam e com o que fazem... para não desviarem essa força, esse beneplácito, nos aspectos inadequados, sabendo que tal *selo* dá ao seu possuidor ampla clarividência, intuição apurada e sensibilidade medianímica ou psico-astral extraordinária. "Preto-véio" não vai se estender mais sobre tal assunto, porque, assim teria que entrar e definir ângulos mais profundos e encobertos da Quirologia, da Quiromancia, etc. Todavia, se algum dia houver oportunidade, ampliarei bastante essas *lições,* demonstrando como essas ciências entram em relação na Corrente astral de Umbanda, pela *lei de pemba...*

Cícero: – Muito bem... Aguardo ainda, que me definas com mais clareza, toda essa questão de rituais, palmas, tambores, "guias" ou colares, etc.

Preto-velho: – Ritual, meu filho, você deve saber, é uma forma de cerimônia ou sistema de gestos, palavras faladas e cantadas, dentro do qual pessoas procuram se pôr em relação com forças, espíritos, divindades (ou santos), deuses, etc., tendo quase todos como meta o verdadeiro DEUS-UNO.

Todo agrupamento que usa um sistema qualquer de reunião, para fins religiosos, mágicos, etc., implica num ritual, seja esse simples ou complexo.

No entanto, como você me pergunta de ritual na Umbanda, este "preto-véio" confessa que a tarefa não é fácil...

Porque, tamanho é o sistema de prática, tão diversos são esses rituais, de "terreiro para terreiro", que é difícil dizer onde estão os que se possam considerar como os corretos rituais da corrente astral de Umbanda.

Os pretos-velhos e os caboclos de verdade, "zi-cerô", não apreciam barulho ou rituais ruidosos...

É possível alguém concentrar-se, serena e corretamente, debaixo de palmas, gritos e ruídos de tambores? Levando-se conta que nada se processa nos terreiros sem a parte fenomênica, espírítica ou mediúnica? Que para ser positiva mesmo, exige paz, concentração, etc.

Pois é raro o terreiro que pratica dentro dessas condições. Assim, vamos convir, sensatamente, que cada ritual define o grau de agrupamento que o processa, dentro dos três Planos – afins dessa mesma Umbanda.

Todavia, dentro da Umbanda, posso definir para você os rituais num aspecto tríplice: – o primeiro aspecto como um sistema de cerimônias simples – de expressão puramente religiosa, mística, etc., que envolvem cânticos, velas, rezas, flores, etc. O segundo aspecto vem como um sistema de cerimônias complexas no qual se desenvolvem operações para fins mágicos ou de magia, em que se usam objetos diversos, tudo ainda se relacionando com a manifestação de espíritos elevados ou inferiores. E ainda o terceiro aspecto, como o sistema de cerimônias que enfeixa os dois aspectos citados, a fim de evocarem ou desenvolverem os dons mediúnicos...

Esse três aspectos não deviam ser misturados, no entanto não existe terreiro ou Tenda de Umbanda que não faça processar os três ao mesmo tempo. Dificilmente desenvolvem um só desses aspectos ou partes...

Cícero: – Diga-me, Pai-preto, por que misturam e quais as coisas ou apetrechos que mais usam nesses rituais?

Preto-velho: – Misturam porque desconhecem o ângulo correto de cada um e quanto aos apetrechos que usam para essas cerimônias ou sistemas, você deve conhecê-los de vista.

Usam velas, giz de cores diversas (chamados pembas), bebidas diversas (chamadas curiás); assim é que já usam também até champanha e vinhos caros, como oferendas às Entidades ou aos Orixás das Linhas. Também é profuso o uso de ponteiros, pólvora, panelas, alguidar, fitas multicores, panos, raízes, ervas ou plantas variadas; enfim, um sem-número de coisas ou objetos diferentes e ainda vão aceitando mais os *novos* que vão surgindo propagados pelo comércio do gênero... Tudo isso é muito natural... Paciência e compreensão com os que usam *isso tudo,* filho... Ninguém *pula* de grau repentinamente....

Assim, o ideal seria que esses agrupamentos fossem evoluindo e se despojassem da maioria desses objetos e desses aspectos barulhentos, gritantes e confusos. Não deixa de ser uma forma rústica das criaturas se porem em relação com o sobrenatural e pretenderem contatos espirituais superiores.

Todavia, devemos aceitar isso como a *forma* dessas criaturas darem seqüência às suas afinidades, a seus estados de consciência.

Em outra oportunidade orientei meu aparelho, na composição de um Ritual, que seria muito bom e oportuno, se fosse seguido ou usado. Unificaria em grande parte a corrente astral de Umbanda.

Agora, para elucidar tanto quanto possível esse assunto ritual, vou dizer coisas sobre a "força real" das palmas e dos tambores e o que provocar, a fim de elucidar um pouco os que os usam, pois a maioria o faz pela "força ou hábito" de uma tradição africana.

Começarei afirmando que o bater de palmas provoca, invariavelmente, grande excitação anímica, pelo despertar de certos ângulos sombrios do atavismo e mesmo dos instintos...

Por quê? Devo lembrar que as mãos são os instrumentos por onde se processam os passes, as curas, etc. Pelas mãos, especialmente, é que se recebe e se dá, quer da corrente de energia cósmica, quer dos fluidos magnéticos das Entidades espirituais.

As mãos são *condutoras* e está provado, cientificamente, que, nelas se concentram mais de 280.000 terminações protoplasmáticas (na palma da mão) em forma de sutis correntes nêuricas e que fazem gravar nelas todas as alterações orgânicas e estados psíquicos visto a mente influir decisivamente no estado fisiológico de um indivíduo.

Sabe-se mais que uma pessoa tem em cada mão *7 pontos vitais* de concentração protoplasmática ou nêurica a que dão o nome de Montes planetários, na astrologia esotérica em relação com a Quiromancia e a Quirologia médica.

Esses *montes* ficam na base de cada dedo e outros em determinadas zonas da palma da mão.

Ora, pelas mais simples das relações e sem querer aprofundar muito o assunto, se esses montes são condensadores de energia e se, *ao bater palmas,* uma criatura *choca* violentamente uma mão contra a outra, isto é, esses 7 montes de cada uma, o que pode acontecer? Um choque de energia ou de fluidos ou da corrente nêurica, que se comprimem, se excitam, excitando toda corrente do sistema neurossensitivo do indivíduo, pela circulação, etc. E em conseqüência disso os pensamentos, todo o psiquismo da criatura também se altera, dado o impacto provocado nos seus neurônios sensitivos.

Então, a excitação impera, já atingindo todo o sistema neuro-muscular e assim, lá vem forte, pulando de dentro para fora, certa classe de impressões atávicas, fetichistas, guerreiras, e até *certos impulsos* ou sensações instintivas, etc.

Dentro dessas condições é que se vêem as criaturas ditas "médiuns" pularem, gritarem, se contorcerem com o "santo" e tomarem outras atitudes ou gestos esquisitos, feios, de olhos arregalados ou esbugalhados, etc.

Isso tudo comumente se processa ao som dos tambores, ainda para excitar mais... E os tambores, que são e para que servem? Na certa que você vai me perguntar isso, não é "zi-cerô"?

Cícero: – Confesso que já tinha a pergunta mentalizada.

Preto-velho: – Os tambores, "zi-cerô", foram, num passado distante, *instrumentos mágicos,* porém, atualmente, são nada mais nada menos do que barulhentas expressões para fins de batucada, samba e, por que não dizê-lo?, servem também para alegrar os terreiros, em seus festejos, suas "chamadas de santo" de Orixá, etc.

Cícero: – Por que dizes "num passado distante, os tambores foram instrumentos mágicos", etc.?

Preto-velho: – Bem, filho, o segredo do preparo do tambor ritualístico era usado e fazia desse instrumento algo muito diferente dos que existem por aí...

Esse segredo era transmitido pela tradição oral, de "babalaô a babalaô ou de sacerdote a sacerdote", tal era a importância dada ao seu preparo mágico...

Para compreenderes isto, quem pergunta agora sou eu. Sabes como são feitos os tambores que todos usam por aí?

Cícero: – Confesso a minha ignorância no assunto. Peço explicares...

Preto-velho: – São feitos às dúzias, comercialmente, e tanto servem para os "terreiros" quanto para as "batucadas do cara-suja (carnaval)". Geralmente são feitos de couro de cabrito e de madeira comum.

Cícero: – Então esse preparo mágico era o fator importante, não? Podes dar uma idéia aproximada disso, desse segredo, a fim de que abra aqui uma grande interrogação na mente daqueles que usam os tais tambores?

Preto-velho: – Sim. Uma idéia bem aproximada... Meu filho, de fato, nos primitivos Cultos Afros os segredos mágicos eram conservados e transmitidos, pela tradição oral, com muito cuidado, inclusive aquele que me ensinava a preparar esses tambores.

Assim é que escolhiam um *cabrito todo de pêlo branco,* sem ter ainda *cruzado,* e três dias antes de uma determinada *fase lunar* (na fase única e apropriada) davam-lhe uma lavagem intestinal ao mesmo tempo em que passavam a alimentá-lo com *certas folhas ou ervas especiais.*

Quando essa *fase lunar entrava,* ele era sacrificado ou abatido e o couro passava a ser curtido ou preparado em banhos de ervas e raízes apropriadas e relacionadas com o Orixá ou com a força da Natureza que eles queriam que influísse no couro.

Tudo isso se processava dentro de certos cuidados e evocações especiais (espécie de encantamento mágico, de palavras e cânticos). Daí se esperava a nova fase dessa lua para se *esticar* ou colocar o couro sobre o tambor de madeira propriamente dito. Esse também era preparado com determinada madeira.

O tambor, preparado dentro desse "mistério" ou dessa forma especial, emitia ruídos ou vibrações de som, bastante diferentes desses dos tambores comuns. E ainda observavam o seguinte – os primeiros sons ou vibrações desse tambor eram *aferidos ou dados, em certa hora, de certo dia, dessa fase lunar.* Dava-se um encantamento, uma operação mágica, porque os primeiros sons eram tirados de acordo com um cântico especialíssimo (espécie de mantra) de imantações de forças. A pessoa ou o ogã que fazia isso conhecia o segredo completo desse preparo, dos cânticos e também uma espécie de *escala de batidas ou toques,* com os quais produzia sons especiais, para o Orixá a quem esse objeto ou tambor havia sido votado. Depois disso é que tocavam para os outros Orixás.

Não se batia nesse tambor como se bate hoje em dia, nos terreiros... onde se quer é barulho, alegria, excitação, etc. A coisa, filho, era diferente...

Cícero: – Acabo de perceber, pela tua explicação, a grande diferença entre os tambores daqueles tempos e os do presente. Mas será que ainda existe algum terreiro ou *ritual de nação* puro, que tenha conservado esse segredo e que o use assim?

Preto-velho: – Lamento não poder identificar para você algum terreiro que assim proceda... talvez... talvez.

Então, filho, este "preto-véio" pode afirmar que os ruídos desses tambores comuns, conforme são *batidos,* são altamente prejudiciais aos que são realmente médiuns... acabam atrofiando seus plexos nervosos (por onde essa mediunidade forma os contatos orgânicos, físicos, etc.) que vão gradualmente (nesses médiuns) perdendo os positivos fluidos das Entidades, etc. E para os que não têm mediunidade, gera a excitação anímica, essa que produz esse curioso fenômeno de "receber o santo"... além de atrair, pela lei dos semelhantes, espíritos da classe dos quiumbas, etc., que passam a *atuar* os médiuns e os que se dizem ou querem ser. Isso, bem compreendido, da forma que são usados e tocados...

Cícero: – Agora, "preto-velho", diga alguma coisa sobre as "guias" ou colares de tanto uso nos terreiros.

Preto-velho: – Este "preto-velho", vai dar sua palavra sobre isso. Existem "guias" ou colares para uso *externo* ou religioso, geralmente de contas de louça e vidro... São materiais que exercem apenas uma ação sugestiva ou atrativa. Não imantam nenhuma força ou corrente cósmica, nenhum elemento fluídico, visto serem *excelentes* isolantes, elementos neutros... não "pegam" nada.

Existem "guias" ou colares planetários para uso *interno* ou mágico. São confeccionados sob cuidados especiais, relacionados com o signo ou planeta do médium ou da pessoa. Têm poder cabalístico, visto cada uma dessas "guias", ou talismãs, ser preparada debaixo de *orações* ou rezas. O material com que são confeccionadas são de certas favas, raízes, enfim, de objetos nativos da mata, do mar, etc., e nunca de contas de louça e vidro. Quem pede essas "guias" ou talismãs são os "caboclos" e os "pretos-velhos", etc., quando sentem a necessidade disso, a fim de defenderem seus aparelhos e mesmo para determinados trabalhos, nas operações de magia positiva, sempre para o bem ou caridade aos necessitados, é só o que "preto-véio" pode adiantar por enquanto.

Cícero: – Está bem, pai-G... Mas, mediante essa sua exposição relativa ao barulho dos tambores comuns e das palmas, não posso deixar de solicitar sua impressão a respeito de um terceiro elemento. Esse –, já deves ter percebido – é essa cantoria desenfreada que chamam de "pontos cantados" das Entidades. Que dizes da pobreza dos seus versos (ou das imagens) e da música que engendram para eles? Isso até ridiculariza as Entidades, pois a maioria (há exceção, é claro) – deles – desses tais "pontos cantados", se forem analisados ou comparados, dão até vontade de rir...

Preto-velho: – Filho, perguntaste muita coisa. E muita coisa é como dizes... Mas, se os encararmos somente pelo ângulo dos que assim os compuseram, como frutos do seu alcance espiritual, de suas afinidades, etc., devemos tolerar, porque "só se pode dar o que se tem"...

Todavia, os verdadeiros pontos cantados não são assim. São dados pelas Entidades – são os pontos de raiz.

Os verdadeiros pontos cantados, meu filho, sendo uma prece ou *o hino de força* e de ligação fluídica, de chamadas astrais das Entidades, na Corrente de Umbanda, deviam merecer mais *respeito*, principalmente dos que os vêm *explorando*... Não deviam plagiar tanto, adulterar tanto, a fim de vendê-los.

Cícero: – Sim, meu velho. Compreendi bem... De fato, existem até discos de "macumbas" ou pontos, são mais de sambas e batuques, nos quais apresentam a Umbanda, os caboclos, os pretos-velhos, as crianças e até os Exus, como expressões engraçadas, tolas, etc. E é por isso que os leigos dão de rir, ao escutá-los... e com razão, Infelizmente...

Preto-Velho Fala da Alta Magia ou da Magia Divina na Umbanda • Do Equilíbrio Mágico do Congá • Da Ação dos Defumadores e dos Banhos em Face da Qualidade do Signo de Cada Um • Chaves de Identificação Astrológica Oculta • As Plantas Mágicas da Umbanda como Plantas Solares e Lunares • Do Uso Mágico das Chamas ou Luzes de Velas, Lamparinas, etc. • A Lei de Pemba ou Grafia dos Orixás através de seus Enviados • A Magia dos Triângulos como Escudos Fluídicos dos Orixás por seus Elementais • O Mapa-Chave Composto nº 6

P reto-velho – "Zi-cerô", vá desde já aguçando sua idéia, porque este "véio" vai dizer algo sobre magia...

Magia é a Ciência total, porque é, de fato, a ciência dos Magos da Sabedoria; portanto, sendo a *ciência da sabedoria* que revela Conhecimento, Vontade e Inteligência plenas em ação, sua *fonte* está na Sabedoria Absoluta que vem do Pai-Eterno. Como entender isso, com relativa profundidade? "Preto-véio" vai puxar palavreado...

Todo esse incomensurável Cosmos está matematicamente supervisionado. Há leis e subleis, ou seja: todas as Forças ou Elementos naturais que o integram, e que formam na essência a sua própria natureza, sofreram uma manipulação especial em seus princípios constitutivos, dentro de certa matemática quantitativa e qualitativa... É a matemática *divina ou celeste...*

Todas essas Forças ou Correntes de energia cósmica, por seus supraditos elementos naturais, seriam expressões nulas, "rolariam" dentro do espaço, em turbilhões indirecionais, se não tivessem recebido por acréscimo as vibrações intrínsecas do Espírito – com sua inteligência, com suas faculdades, o qual, por via desse contato, imprimiu-lhes a *potência* das forças ditas centrípeta e centrífuga, e o próprio princípio da *coesão...* Conseqüentemente, manipularam nesses elementos cósmicos, suas propriedades naturais, no sentido de produzirem as *qualidades,* ou seja, as *formas*, pela lei de aglutinação dos elementos simples, geradores dos compostos ou de novos aspectos.

Portanto, as leis que se dizem naturais ou próprias da Natureza são manifestações ou efeitos de uma manipulação inteligente, consciente, na estrutura íntima desses citados elementos radicais e evidentemente são leis dirigidas, portanto, pode-se dizer *criadas* mesmo... É só se racionar no seguinte: – Inteligência imprimindo as vibrações de suas Faculdades, fez (e faz) com que eles – os elementos – revelassem o *gérmen das qualidades* que por si sós, não revelariam... isto é, fez com que se desse, por força dessa vibração especial de acréscimo à associação dos corpúsculos simples, geradores dos compostos... Esses que já são conhecidos como átomos disso ou daquilo.

Ora, "zi-cerô", esses corpúsculos simples, geradores dos compostos, chamados átomos, são *energias elementais* chamadas de "forças sutis da Natureza" (os Tatwas de que já se falou) e essas forças elementais dão formação às suas *correntes cósmicas* nos *quatro pontos cardeais* e se *cruzam* sempre em um *centro,* como em cruz.

Esse cruzamento ou junção se dá de 2 em 2 horas e é quando impera o tatwa AKASA (chamamos aos tatwas de LINHAS DE FORÇA) que manipula especialmente o elemento ETÉREO ou os éteres vitais; assim é que do NORTE vem o tatwa PRITHIVI, que manipula especialmente o elemento que dá formação aos *sólidos* em relação direta com a TERRA; do SUL vem o tatwa TEJAS que manipula especialmente o elemento ÍGNEO que produz os FOGOS diversos; do LESTE vem o tatwa VAYU que manipula especialmente os elementos AÉREOS ou do AR; do OESTE vem o tatwa APAS que manipula especialmente os elementos AQUOSOS ou líquidos (da água).

Agora, "zi-cerô; são essas supracitadas *forças elementais,* chamadas também pelos magistas e outros de ELEMENTAIS – ditos "os espíritos da Natureza" ou seja: o elemento, a alma das coisas que eles animam ou a que dão formação, sem que, *com isso,* se entenda que são espíritos iguais aos nossos de encarnados e desencarnados; são, repito, esses "espíritos da Natureza" o mesmo que se dizer como a essência ou a energia natural e fundamental das *coisas.*

Bem, convém agora saberes, "zi-cerô", que esses citados "espíritos da Natureza" ou *elementais* têm seus *donos,* seus SENHORES, seus manipuladores, e esses sim, são Entidades Espirituais. Cada uma dessas Entidades é para nós da Umbanda, um ORIXÁ...

Portanto: todo movimento das *correntes cósmicas* tem sua ação *presidida* ou pode ser regulada, em seus elementos simples, em suas *forças elementais*, pelas ações dos Senhores dos *elementos* ou para melhor assimilação dos estudiosos, dos *tatwas*... É a *magia dos elementos*, com suas leis estabelecidas e é claro, *conhecidas* dessas Entidades e também de outros Espíritos de Sabedoria, denominados MAGOS.

Então, meu filho, é preciso que atentes ou medites no seguinte: – Onde se encontra a Fonte da Sabedoria, senão no ESPÍRITO DA SABEDORIA ABSOLUTA, que chamam DEUS, o Qual, naturalmente, foi quem fez revelar ou despertar o *gérmen* dessa Faculdade (da Sabedoria) nos seres Espirituais?... Os Seres Espirituais ou os Espíritos que atingiram altíssimos conhecimentos e foram se integrando na Faixa-vibratória da Sabedoria são os chamados Magos da Sabedoria e se constituíram numa Hierarquia Regente...

Assim explanei, para que possas entender que, por *trás* de todo *elemento força* ou fluido cósmico básico, existe a Vontade Inteligente de uma Entidade Espiritual que pode dominá-lo ou dirigi-lo, manipulá-lo, segundo o conhecimento que tem da Lei básica, sob a qual no princípio da aglutinação dos elementos ou das formas, considerado o *princípio da criação – eles –* os elementos foram submetidos, seguindo as *vibrações direcionais de sua matriz-vibratória.*

Então, "zi-cerô", isso tudo bem meditado e assimilado se torna fácil entender que a Magia na Umbanda existe – como em toda parte –, e é aplicada, segundo o conhecimento que essas Entidades chamadas de caboclos, pretos-velhos, etc., têm certas leis ou subleis da Magia, particularizadas através de certas vias ou elementos de ligação, que são os *canais fixadores* naturais que expressam sua potência...

De alguns desses elementos de *ligação direta* e material é que vou falar...

Cícero: – Estou curioso, oh "preto-velho", em saber quais são esses elementos de ligação direta e objetiva.

Preto-velho: – Bem... bem. Em primeiro lugar devo situar a questão do "Congá" ou seja, do altar onde os *filhos-de-fé* arrumam suas estátuas ou imagens, porque ele é o fixador comum, onde se põem vários elementos que atraem as atenções gerais e para onde o médium ou aparelho, juntamente com a Entidade protetora, derivam as correntes mentais e o movimento astral de forças...

Isso porque, "zi-cerô", o "Congá", na Umbanda, é destinado a servir como *ponto* de fixação e impulsão, quer do aspecto religioso, quer do mágico, quer do espiritual ou fenomênico. Consta, comumente, de uma mesa, com várias estátuas ou imagens, arrumadas em cima (já o disse), de santos, santas, caboclos, pretos-velhos, etc. A questão dessas ditas imagens é variável, em quantidade e qualidade, segundo o grau evolutivo de alcance ou de entendimento, do indivíduo ou do *grupo* que formou ou forma "terreiro" (Tenda, Centro, Cabana, etc.). Em suma, o sincretismo ou a mistura de imagens identifica, com bastante clareza, o *plano* mental-espiritual ou a *linha de afinidades* em que um agrupamento se movimenta ou pratica.

Isso como via de regra. No entanto, alguns costumam usar essas imagens apenas para fins de magia sugestiva, deixando o aspecto religioso ou místico ao critério interpretativo da *massa* ou do público que por ali acorre.

Todavia, devo ressaltar que a aceitação e uso de imagens é muito propagado e volumoso, no 3º PLANO da Lei de Umbanda, que é o plano de maior afinidade, o plano que engloba a maioria das ditas Tendas, "terreiros", etc. Eis abaixo uma chave demonstrativa, para que entendas o exposto:

CHAVE Nº 1

OS 7 ORIXÁS OU AS 7 VIBRAÇÕES ORIGINAIS (Linhas)	Que se fazem representar através de seus enviados nos...	1º PLANO	Dos Orixás Intermediários	Que podem ser Entidades que se revestem da "roupagem de caboclos, pretos-velhos, etc.
		2º PLANO	Dos Guias	Que podem ser Entidades, ainda, dentro das condições acima.
		3º PLANO	Dos Protetores	Que são espíritos que ainda conservam o corpo-astral de caboclos, pretos-velhos, etc., como próprios.

Então, agora, "zi-cerô", devo frisar o seguinte: – Um apare-lho-chefe *deve firmar ou armar* seu "Congá", levando em conta esse ponto vital. Ei-lo: – *via de regra, a Entidade protetora tem o seu pró-prio corpo astral vibrando ou sintonizando na corrente de energia cós-mica, do planeta (do signo) de seu médium ou aparelho...*

Cícero: – Muito bem, "preto-velho"... Creio ter compreen-dido, dentro de suas explicações, muita coisa que para mim estava vaga ou duvidosa. Estou prevendo que essa questão de "armar" Congá é coisa muito séria, implica verdadeiramente numa aplica-ção honesta e bem orientada, porque vai ser um ponto de fixação, para a corrente mental de encarnados e desencarnados e vai pôr em jogo forças negativas e positivas, perigosas até para os que não sa-bem *porque o fazem e para que estão fazendo*. Entendi, também, a questão das imagens, profusas no citado 3º Plano, o dos espíritos ditos como Protetores, que é o plano mais "terra a terra", mais volumoso, porque é nele que a maioria dos filhos-de-fé estão agru-pados, dados os seus graus de entendimento ou estados de cons-ciência. E, dada ainda a lei dos semelhantes que atraem os semelhan-tes, eles só podem ser assistidos por esses espíritos mesmo, classi-ficados como Protetores, que, não obstante, devem ser positivos trabalhadores da seara do Cristo.

Preto-velho: – Muito bem, filho. Dentro, então, dessa situa-ção que explanei, vou imediatamente abrir algumas chaves – simples, mas precisas, na alta magia, a verdadeira Magia Divina da Umbanda, para os que, realmente, queiram produzir, dentro da CARIDADE pura, em benefício de seus semelhantes. Dentro dos conhecimen-tos que vão ser expostos, devo avisar que: fugir deles para o aspecto negativo, ou seja, para fora da *linha do bem ou da caridade, é suicí-dio* psíquico ou mental. O castigo virá imediatamente, mesmo por-que, da maneira que vão ser expostos ou coordenados, não se adap-tam aos citados fins *negativos*. Agirão como *bombas de retorno...*

Portanto, voltando diretamente à questão do Congá e à regra dada atrás, o aparelho-chefe de um "terreiro" deve se identificar com o seu Planeta, com o signo do mesmo, pela data de seu nascimento, para saber o que deve sempre fazer e como vai *armar direito* o seu altar ou Congá, porque *isso* é de importância capital para o equilíbrio mágico do mesmo. Primeiro, vou mostrar por onde ele fará essa identificação:

CHAVE Nº 2

Planetas	Signos Zodiacais	Dias correspondentes pelo nascimento
SOL	LÉO	23/7 a 22/8
LUA	CÂNCER	21/6 a 22/7
MERCÚRIO	GÊMEOS VIRGO	21/5 a 20/6 23/8 a 22/9
JÚPITER	SAGITÁRIO PISCES	22/11 a 21/12 19/2 a 20/3
MARTE	ÁRIES ESCORPIÃO	21/3 a 10/4 23/10 a 21/11
VÊNUS	TAURUS LIBRA	20/4 a 20/5 23/9 a 22/10
SATURNO	CAPRICÓRNIO AQUARIUS	22/12 a 19/1 20/1 a 18/2

Feita essa identificação, ele estará capacitado a saber mais o seguinte: – existem SIGNOS considerados masculinos e femininos. Ei-los para que saiba a *qualidade* do seu:

| Signos masculinos ou positivos | Áries, Gêmeos, Léo, Libra, Sagitário e Aquarius... |
| Signos femininos ou negativos | Taurus, Câncer, Virgo, Escorpião, Capricórnio e Pisces... |

Agora que o médium ou aparelho-chefe já deve ter identificado, pelo nascimento, o seu Planeta regente e o respectivo signo e *qualidade* deste, se feminino ou masculino, ainda deve ficar sabendo que: – para os efeitos vibratórios na alta magia, que vai dar o *equilíbrio* cósmico no seu "Congá" (tudo relacionado com o seu signo e qualidade do dito) deve considerar, também, os dias da semana como femininos e masculinos. Assim:

CHAVE Nº 4

Dias da semana
- segundas • quartas • sextas ⟺ dias femininos ou negativos
- terças • quintas • sábados ⟺ dias masculinos ou positivos

Obs.: Domingo deve considerar-se *dia conjugado*, serve para operar nos *dois signos* (masculino e feminino).

Assim, "zi-cerô", vamos supor que ele – o aparelho-chefe, se auto-interrogue. – Mas, para que devo saber tudo isso? Resposta: – Para saber quais os seus dias *favoráveis* de operar, estabelecendo suas sessões, correntes, etc., bem como os preceitos, afirmações, enfim, trabalhos diversos e para saber, também, relacionar, dentro disso, o uso de plantas, ervas, flores, etc., para defumação, banhos, etc. Então fica patente que essa relação, esse conhecimento é imprescindível, porque ele – médium precisa criar em torno de sua *aura* todas as condições favoráveis, levando na devida conta que é em *torno* dele, de sua *faixa mediúnica vibratória,* que os filhos de seu "terreiro" se movimentam e atuam, visando, invariavelmente, o seu *protetor* (sugando, consciente ou inconscientemente, a sua energia neuro-medianímica). Portanto, ele precisa estar sempre de *cima, mais forte, mais firme...*

Cícero: – Entendi tudo, oh! "meu velho". Mas não vai fazer confusão essa questão de signos, no caso das pessoas de sexos masculinos e femininos?

Preto-velho: – Bem, filho, deixei bastante claro, mas deve ficar bem entendido que: não importa o sexo da pessoa, o que vale para efeito positivo desta identificação é o dia de seu nascimento, que vai indicar o seu signo e a *qualidade* do mesmo. Está mais claro agora?

Cícero: – Outra pergunta, oh! meu paciente "preto-velho": – Disseste que o signo, com sua qualidade, se relaciona com plantas, flores, etc., e como saber isso ao certo, para que se possa usar de acordo?

Preto-velho: – Porque, "zi-cerô", ele vai ficar sabendo, daqui a pouco, que plantas, ervas e flores, etc., para efeitos diretos, positivos ou práticos, devem ser consideradas como MASCULINAS ou SOLARES e FEMININAS ou LUNARES, questão que já vou abordar, para que saiba escolher seus elementos próprios...

Eis, portanto, o "mistério" simples sobre a ação das plantas, como defumadores, banhos, ornamentação de Congá, etc. Todas as plantas têm características planetárias, ou seja: há ervas, flores, etc., de Marte, do Sol, da Lua, de Saturno, de Vênus, de Mercúrio, de Júpiter, etc. Todas essas plantas recebem de certo modo a influência destes corpos celestes. No entanto, o mistério mesmo é simples, como já disse, e está em saber usá-las de DUAS FORMAS: – como plantas LUNARES e SOLARES ou femininas e masculinas que assim se identificarão com a *qualidade* do signo de cada um.

E isso pode ser compreendido assim, para efeito de identificar essas plantas: – todas as ervas, flores, etc., que tenham um perfume ativo ou forte e agradável, são invariavelmente SOLARES. Todas as que tenham pouco cheiro ou perfume e mesmo se esse for um tanto ou quanto ativo, mas desagradável, são LUNARES, inclusive todas as que não tenham cheiro ou perfume nenhum...

Assim, as plantas solares devem ser colhidas somente de dia e as lunares somente à noite, isso porque, cortadas ou colhidas assim, conservam as vibrações solares ou lunares, com mais propriedades; estando *carregadas* com a vibração própria da fase diurna ou noturna, vêm com a vitalidade integral da energia que as alimentou.

Agora, se forem cortadas ou colhidas ao contrário, ou seja; – uma planta solar, a ARRUDA, por exemplo, colhida à noite, não opera os benefícios tão bem como se fosse colhida de dia, na fase de seu *prana* ou energia própria. Então, sintetizemos a regra simples, assim: – para os nascidos sob os signos masculinos, os defumadores, banhos, etc., devem ser usados de dia, e para os nascidos sob os signos femininos, os defumadores, banhos, etc., devem ser usados à noite (aqui deve-se consultar a chave 4).

Resta agora identificar algumas das ervas, plantas, etc., Solares e Lunares, para completar o assunto.

Cito essas plantas e flores porque são de uso comum nos terreiros e sei que, pela identificação anterior, se torna meio difícil, para o não prático dessas coisas, fazer a escolha...

Plantas X Flores	SOLARES ou MASCULINAS	Arruda, Manjericão, Malvaísco, Malva-rosa, Guiné caboclo e pipiu, Arnica, Espada-de-ogum, Erva abre-caminho, Folha de eucalipto, Alecrim, Folhas de cipó-caboclo, Erva-de-são-joão, Folhas de maracujá, Folhas de laranja, Folha do sabugueiro, Galhos do funcho.
		Cravos, Jasmins, Flor de trombeta, Flor de girassol, Lírios-de-cachoeira, Violetas, Flor do maracujá, Lírios diversos.
Plantas X Flores	LUNARES ou FEMININAS	Vassoura-preta, Vassourinha-branca, Comigo-ninguém-pode, Unha-de-vaca, Picão-do-mato, Folhas de lágrimas de-nossa-senhora, Erva-de-santa-bárbara, Negramina, Arruda fêmea (se for colhida e usada à noite).
		Rosas, Dálias, Orquídeas, Crisântemos, Resedá, Copos-de-leite, Violetas.

Bem, como devo dizer que essas plantas e flores se adaptam ao uso, quer dos banhos quer dos defumadores, sendo que esses serão de plantas ou flores secas é claro. Bem como, ainda, são extensivas à ornamentação do "Congá" ou seja: plantas, flores, etc., solares ou masculinas, para os dias da semana correspondentes e relacionados com os do signo *de qualidade* dita masculina. Na mesma relação, para os do signo feminino, na identificação acima exposta.

Vou citar ainda certos *defumadores especiais,* usados *por aí de qualquer jeito,* porque são importantes, visto se *relacionarem diretamente como organismo mental* ou com a neuro-hipófise (um dos pontos de equivalência do chakra coronal) chamada também glândula pineal, epífise, coronarium, etc., defumadores *esses próprios à qualidade do signo de cada um:* – para os do signo masculino ou positivo, os defumadores especiais são o Incenso, o Sândalo e a Alfazema.

Para os signos feminino ou negativo, os defumadores especiais são a Mirra, o Benjoim e a Verbena. Podem ser usados juntos ou um de cada vez. São defumadores cujas propriedades precipitam ou predispõem os médiuns para os fluidos neuropsicomediúnicos...

Cícero: – Está tudo muito claro para mim, "meu velho"... e, segundo estou deduzindo, essa terapêutica astral dos banhos e defumadores é coisa muito séria e só deve ser aplicada pelas Entidades ou pelas pessoas realmente capacitadas, porque tudo isso tem íntima relação com a natureza do corpo astral e mental da pessoa que for usar, não é? Assim, esses defumadores e banhos *rotulados*, sendo geralmente feitos ou compostos de várias ervas, sem afinidades astrais ou de identificações diferentes, só podem prejudicar ou, melhor, "embaraçar" o paciente... que me dizes disso?

Preto-velho: – Bem, meu filho, é bem verdade que a fé e a sugestão produzem coisas boas. No entanto, há que pensar nos que premidos pela necessidade ou aflição não têm fé nem uma sugestão positiva quando forem usar esses banhos ou defumadores que você chama *rotulados*. A coisa certa eu já expus acima.

Bem, bem, "zi-cerô", queria lembrar que estão faltando dois aspectos preciosos ou vitais, ainda relacionados com a firmeza do "Congá". Tudo que ensinei, bem assimilado direitinho pelo aparelho-chefe, ele vai ficar sabendo mais ainda que esse conjunto de elementos relacionados deve entrar na faixa positiva do verdadeiro equilíbrio mágico do "Congá" ou santuário, se estiver *armado ou posto de frente para o ORIENTE* ou para o ponto cardeal LESTE...

Por quê? Porque do Leste ou do Oriente, onde o Sol nasce, é que se processa o movimento inicial do elemento AR, ou seja, do tatwa VAYU, a LINHA DE FORÇA DO MOVIMENTO ASTROVITAL, do oxigênio e das Correntes Espirituais positivas, em idéias, pensamentos, ações, etc.

Assim, considere-se o "Congá" como de frente para o Oriente, estando a mesa com as estátuas ou imagens, etc., todas com a sua frente para esse *ponto cardeal*. Isto é importante, pois, assim sendo, o dito "Congá", que inclui vários elementos de fixação ou imantação, através destes, estará sempre carregado dos fluidos positivos dessa corrente astromagnética...

Cícero: – Estou encantado, "preto-velho", com tantas explicações ou ensinamentos simples e diretos, que sei serem quase desconhecidos ou não praticados pela maioria no dito meio umbandista... Mas permita-me lembrar que estou ansioso pelo segundo aspecto citado antes por "vosmicê"...

Preto-velho – Sim, filho, apenas você me interrompeu... Esse aspecto é o que se refere à iluminação do "Congá", ou seja, o que implica em acender velas e lamparinas, luzes, etc. "Zi-cerô", dentro de um princípio de alta magia, relacionado com o elemento ÍGNEO e com o carbono, um dos catalisadores e fixadores dos clichês astrais, princípio esse que não posso aprofundar nestas lições, agora, *tem ciência, tem equilíbrio, tem magia*, a questão da *quantidade* de chamas ou luzes (velas, lamparinas, etc.), que se devem acender, em relação com a *finalidade* da operação.

Assim, para uma operação de pedidos de ordem material, de vantagens, cerimônia para obter um poder, um acesso a qualquer coisa ou posto, enfim, de um benefício terrestre (tudo isso levado pelo lado justo, que não prejudique ninguém), devem ser usadas *luzes* ou *chamas* PARES, ou seja, velas comuns em número de 2, 4, 6, 8, etc., e para uma operação ou cerimônia de benefício ou caridade física, moral, espiritual, para oferendas ou afirmações religiosas, para fixações ou preceitos de caráter mediúnico, *tudo de ordem elevada* ou nobre, devem-se usar chamas ou luzes de preferência em *velas de cera*, em números ÍMPARES, 1, 3, 5, 7, 9, etc. Compreendido, filho?...

Cícero: – Sim. Compreendi e muito bem... e confesso que ainda não vi a observância disso em nenhum dos incontáveis lugares que "girei"... Então, "Pai-preto", tem "mironga" mesmo a iluminação de um "Congá"...

Preto-velho: – Sim. Tem e muita... Por exemplo: a sessão que vai se processar, apenas dentro do aspecto religioso ou mediúnico, deve transcorrer toda iluminada com chamas ímpares e de preferência com velas de cera e assim por diante...

Cícero: – É, "velho", tudo isso vai parecer, à primeira vista, muito complicado, mas, em realidade, são bem simples as tuas lições e por certo que serão de grande valia para os verdadeiros umbandistas. Para aqueles que realmente pretendam uma aplicação honesta e proveitosa de seus sentimentos caridosos a par com suas aptidões medianímicas.

Porque, realmente, o que se vê nos tempos presentes, são supostos médiuns, com supostos caboclos, pretos-velhos, etc., arranjarem, da noite para o dia, uma casa ou mesmo um barracão, encostarem uma mesa num canto, *flori-la* de estátuas, tocar um tambor, bater três palmas e pronto... está feita a "magia"... nasceu mais um "terreiro" e uma "umbanda"...

E é por tudo isso que estou convencido, positivamente, de que um bom aparelho ou os verdadeiros médiuns da corrente astral umbandista devem criar ou prover às condições adequadas, para os seus positivos contatos mediúnicos e *dos que vão depender de sua sinceridade, de sua honestidade.*

Então, levando somente em conta que estás falando para *esses*, podes aprofundar mais ainda esse quadro mágico de ensinamentos, mesmo porque são esclarecimentos, são verdades que vão confundir os hipócritas, fariseus e aproveitadores infiltrados no meio, maculando, confundindo e alterando os verdadeiros princípios, tão arduamente firmados por esses trabalhadores da seara do

Cristo –Jesus, nesse Rebanho umbandista, *esses* espíritos de cabo-clos, pretos-velhos, etc. São lições que vão penetrar, alertando os que buscam a luz singela da verdade.

Preto-velho: – Sim, sim, meu filho. Isso faz parte de minha missão junto a esse meu aparelho. Vou falar agora dos pontos ris-cados ou da Lei de pemba...

Você sabe que se risca pemba por aí de qualquer jeito, for-ma ou direção, não é? Este "preto-velho", vai contornar o assun-to, de maneira a não ferir aqueles que, ingenuamente, aprenderam o que lhes ensinaram humanamente, como os pontos riscados do "caboclo tal-e-qual", etc.

Existem DUAS formas de aplicação dos riscados nos ter-reiros.

A *primeira* é comum e vamos defini-la como *exterior* ou eso-térica: – se prende a farrapos de certos conhecimentos, oriundos da Ca-bala, sobre os sinais ou símbolos ditos como triângulos, círculos, cru-zes, pentágonos, estrela dos magos, etc., que confundem e riscam, às vezes de mistura com os sinais deturpados dos signos e dos planetas.

Há mais, os que *inventaram* e que riscam, simbolizando a Lua, o Sol, linhas em curvas e as famosas setas ou flechas, *iguai-zinhas* a essas que indicam o tráfego dos veículos ... essas mesmas de formato "standard", generalizadas para todas as Linhas, para to-das as Entidades.

Com *isso tudo*, fazem uma salada, uma mistura e formam os "pontos dos caboclos, dos pretos-velhos, das crianças tais-e-tais"... Tudo isso é bem humano, é bem compreensível. A cada um, segun-do as suas luzes... "A quem mais tem, ainda lhes será acrescenta-do e a quem nada tem ainda lhe será tirado"... assim está mais ou menos nos Evangelhos do Cristo.

A *segunda* forma, que vou definir como *interna* ou *esotérica*, é de uso exclusivo das Entidades astrais, os verdadeiros caboclos, pretos-velhos, etc. Só eles é que riscam e manipulam esses pontos, quando têm a felicidade de o fazer, através de um médium de contatos positivos ou reais.

É ensinada, excepcionalmente, a alguns *filhos-de-fé*, desses raros aparelhos, cônscios de suas responsabilidades ou missões. Esses sinais, dessa segunda forma, já tivemos oportunidade de elucidar bastante, em outras lições[1].

Todavia, devo relembrar que os verdadeiros pontos riscados são sinais de *força mágica*, convencionados no astral, e cada sinal riscado tem sua forma especial, ligada a certos clichês astrais, que são, nada mais, nada menos, do que a forma fluídica ou etérica de determinadas classes de *elementais* chamados de "espíritos da Natureza", algumas conhecidas de outras Escolas e outras não.

De sorte que, *caboclo, preto-velho,* etc., quando *risca pemba,* sabe por que e como faz... Está imantado fluidicamente a classe dos *elementais* com os quais deseja operar. Está manipulando elementos sutis, valiosos, porém perigosos para os que tentam imitar sinais ou pontos riscados, só porque viu dessa ou daquela forma serem riscados...

Os pontos riscados, meu filho, são ordens astrais e se classificam como *Flecha, Chave e Raiz*. Um tríplice aspecto. Esse conjunto de sinais, de acordo com a Entidade que está operando, dentro da magia, toma uma das quatro direções ou pontos cardeais, para se identificar, pois têm sua *relação*, têm o seu Orixá, presidindo, repito, na corrente de energia, que vem desse ponto cardeal. E é só o que "preto-véio" pode dizer... para quem sabe ler, um pingo é letra.

No entanto, vou mesmo dentro da *primeira fórmula*, a comum ou esotérica, pôr em relevo o valor da magia dos triângulos,

---

1   "Preto-velho" faz referência a nossa obra "Umbanda de Todos Nós". Lá está, positivamente definida, essa questão de Flecha, Chave e Raiz com mapas e tudo.

dos círculos e das cruzes, do ponto e da linha, para proveito ou uso dos interessados e capazes. Vou abrir uma chave já um tanto profunda, para os que conscientemente e com elevação de propósitos possam usá-la. Vou extrair, somente da primeira forma, seu lado certo, positivo, ensinando como os caboclos e os pretos-velhos sabem usá-los.

Começarei, "zi-cerô", pelo triângulo, que é um sinal geométrico, de alto valor simbólico e de relações profundas, e que toma QUATRO variações, de acordo com a força elemental a que ele está *ligado*. Cada variação desse escudo fluídico e mágico identifica-se com seu Dono Espiritual, o mesmo que para nós, na Umbanda, vem a ser do Orixá ancestral, que estende o seu beneplácito sobre o seu símbolo e sobre os que, honestamente, sabem invocá-lo através desse dito triângulo ou escudo fluídico, mágico.

Sendo que esses triângulos servem para todos os altos trabalhadores de magia positiva. São coisas muito sérias...

Vou entrar no ângulo dessa chave, lembrando que, pelo nascimento de cada um (já explanado atrás), ele pode saber o seu planeta regente, o seu signo, etc., e agora vai saber mais a relação destes com a sua Linha ou a sua Vibração Original com o seu Orixá (dentro do aspecto esotérico, não religioso ou sincrético, mitológico, etc., das 7 Linhas ou Vibrações da Lei de Umbanda) e deste planeta e Orixá com seus elementos mais afins. Os elementos ou *Elementais inferiores* são 4: os do Fogo, da Água, do Ar e da Terra. Esses citados *Elementais* se formam ou se manipulam pelo poder dos Triângulos ou dos Estados fluídicos, próprios de seus Senhores.

Eis, então, uma chave composta nº 6, por onde os interessados, apenas consultando a chave nº 2, verão, pela data de seu nascimento, a relação identificadora dos mesmos signos nas casas do 6º *aspecto* deste mapa e ainda as outras correlações.

MAPA CHAVE COMPOSTO Nº 6

1º Aspecto Esses Corpos Celestes	2º Aspecto Tem afinidades especiais pelos elementais do:	3º Aspecto Que é vital numa Linha de Força dita em outras Escolas como Tatwas:	4º Aspecto Que corresponde e se identifica com a Linha de Força ou Corrente cósmica que vem do ponto cardeal:	5º Aspecto E que na magia tem o seu símbolo ou escudo-fluídico do Orixá representado assim:	6º Aspecto Que influem decisivamente nos que nasceram sob os signos de:	7º Aspecto Que estão colocados sob a proteção mágica do Escudo-fluídico ou do Triângulo elemental dessas Faixas Vibratórias – Espirituais (sentido esotérico) ou LINHAS...
SOL JÚPITER MARTE	FOGO ou Elementos Ígneos	TEJAS	SUL		LÉO SAGITÁRIO ÁRIES	OXALÁ XANGÔ OGUM
SATURNO MERCÚRIO VÊNUS	AR ou Elementos Aéreos	VAYU	LESTE		AQUARIUS GÊMEOS LIBRA	YORIMÁ YORI OXÓSSI
MARTE LUA JÚPITER	ÁGUA ou Elementos Aquosos	APAS	OESTE		ESCORPIÃO CÂNCER PEIXES	OGUM YEMANJÁ XANGÔ
VÊNUS MERCÚRIO SATURNO	TERRA ou Elementos Sólidos	PRITHIVI	NORTE		TAURUS VIRGO CAPRICÓRNIO	OXÓSSI YORI YORIMÁ

Nessa chave composta, orientada por esse "preto-velho", o valor que se procura demonstrar é o da relação, na magia que manipula a força elemental, ou seja: – o da relação da Força dos Senhores desses Elementos ou dessas Correntes de Força Cósmica, que têm *formação* particular nesses Pontos Cardeais (*nota do autor*).

Ora, os elementos inferiores ditos "espíritos da Natureza", podem ser manipulados, dentro da força mágica dos triângulos que lhes são aferentes e traçados na Umbanda, dentro das regras que vão ser expostas, tão-somente para *finalidades positivas ou elevadas*, e nunca poderão agir para fins negativos, *visto as posições de cada um, para os citados fins, serem outras.*

Nesse mapa se vê que a Linha ou Vibração de Oxalá também particulariza um Triângulo e um Ponto Cardeal. Tenha-se, assim, na devida conta, que Oxalá corresponde a Jesus – o Cristo Regente do Planeta Terra e pode ser considerado com um Orixá Supremo (não o Pai Eterno) e tanto está regendo os elementais inferiores, como os Elementais Maiores. E quais são os elementais ou Elementos Maiores? São três e que também têm seus símbolos ou seus escudos fluídicos próprios. Vejam-se, portanto, as regras abaixo para uso correto desses Triângulos do mapa-chave composto nº 6, pois, logo a seguir, virá a chave nº 7 e as respectivas regras para seu uso.

Regras para os nascidos em Léo, Sagitário e Áries, do triângulo fluídico correspondente ao *elemento fogo,* na magia: – esse triângulo vai vibrar na corrente Ígnea, riscado com uma ponta ou vértice para o ponto cardeal SUL. Se a pessoa vai pedir *benefícios* diversos, *carregar-se* de força, pedir proteção, etc., tudo, é claro, na *linha de invocação do Orixá*, deve colocar-se por trás do triângulo, de frente para o SUL. Velas acesas nas pontas do triângulo, em número par ou ímpar, de acordo. Se for pedido material, velas pares e ímpares para pedidos de ordem exclusivamente espiritual. Se a pessoa (ou pessoas) for *descarregar-se*, a colocação é de costas para *o ponto Sul,* ou seja, com os dois pés unidos, dedos encostados no vértice ou ponta do triângulo que está para esse ponto cardeal.

Isso, descalço. Se for fazer uma afirmação sobre uma médium, uma confirmação, um batismo, etc., esse médium fica ajoelhado, dentro desse triângulo, sempre com a frente para o SUL, tanto faz numa mata, numa cachoeira, no mar, etc. O pano deve ter a forma triangular e ser de *cor branca.* Riscar sobre esse, na pemba amarela, o triângulo próprio, que é o que vai corresponder aos filhos de Oxalá, Xangô e Ogum. Oferenda em volta do pano triangular em cima e nunca dentro do triângulo *riscado,* de acordo com o alcance espiritual ou segundo o costume de cada um ofertar em sua Linha ou ao seu Orixá, no seu terreiro...

Regras para os nascidos em Aquarius, Gêmeos e Libra, do triângulo fluídico correspondente ao *elemento* Ar, na magia: – esse triângulo vai vibrar na corrente aérea, riscado com uma ponta ou vértice para o ponto cardeal LESTE. Se a pessoa (ou pessoas) vai pedir benefícios diversos, carregar-se de força, pedir proteção, etc., tudo, é claro, na *Linha de invocação de seu Orixá,* deve colocar-se por trás do triângulo, de frente para o LESTE. Velas acesas ao longo da linha riscada que corta o triângulo, em número par ou ímpar, de acordo. Se for pedido material, velas pares, e ímpares, se for pedido de ordem espiritual. Se a pessoa (ou pessoas) for *descarregar-se,* a colocação é de costas, para *o ponto* LESTE, ou seja, com os dois pés unidos, dedos encostados na ponta ou vértice do triângulo que está de frente para esse ponto cardeal. Isso, descalço. Se for fazer uma confirmação, um batismo, etc., sobre um médium ou pessoa comum a posição é ajoelhado dentro desse triângulo, bem em cima da linha que corta o dito e de frente para o LESTE, quer numa mata, numa cachoeira, na praia, etc. O pano em que vai riscar deve ter sempre a forma triangular e de cor azul ou qualquer uma de suas tonalidades. A pemba para riscar o triângulo próprio, em cima do pano, deve ser de cor branca ou verde. Esse triângulo vai corresponder aos filhos da Linha ou Vibração de Yorimá, Yori e Oxóssi. Oferenda em volta do pano ou em cima e nunca dentro do triângulo riscado, tudo de acordo com o alcance espiritual ou segundo o costume de cada um ofertar na sua Linha, ao seu Orixá, no seu terreiro...

Regras para os nascidos em Escorpião, Câncer e Peixes, do triângulo fluídico correspondente ao *elemento Água,* na magia: – esse triângulo vai vibrar na corrente aquosa, riscado com uma ponta ou vértice para o ponto cardeal OESTE. Se a pessoa for pedir benefícios diversos, carregar-se de força, pedir proteção, etc., tudo, é claro, na invocação da linha de seu Orixá, deve colocar-se por trás do triângulo, de frente para o OESTE. Velas acesas nas pontas do triângulo, em número par ou ímpar, de acordo. Se for para pedidos de ordem material, serão pares, e se for para pedidos ou cerimônia de fundo puramente espiritual, velas ímpares. Se a pessoa (ou pessoas) for *descarregar-se* a colocação é de costas para o ponto Oeste e com os dedos dos pés unidos, perto do vértice ou ponta que fica de frente para esse citado ponto cardeal. Isso, descalço. Se for fazer uma confirmação, um batismo, uma chamada de força espiritual qualquer, para um médium, esse fica ajoelhado dentro do triângulo *riscado,* sempre com a frente para o Oeste, quer numa mata, quer numa cachoeira, na praia, etc. O pano em que se vai riscar deve ter a forma triangular e ser na cor amarela ou variações dessa. A pemba para riscar o triângulo em cima do pano deve ser na cor branca. Esse triângulo riscado vai corresponder aos filhos da Linha ou Vibração de Ogum, Yemanjá e Xangô. Oferenda em volta do pano ou em cima e nunca dentro do triângulo riscado, tudo de acordo com o costume de cada um ofertar na sua Linha, ao seu Orixá, no seu terreiro e ainda segundo o alcance espiritual...

Regras para os nascidos em Taurus, Virgo e Capricórnio, do triângulo fluídico correspondente ao *elemento* Terra: – esse triângulo vai vibrar na corrente que produz os sólidos, riscado com os *dois ângulos* para o ponto cardeal NORTE, isto é, com uma ponta ou vértice de frente para o ponto *cardeal Sul.* Se a pessoa for pedir benefícios diversos, carregar-se de força, pedir proteção, etc., tudo, é claro, na invocação da linha de seu Orixá, deve colocar-se por trás do triângulo, ou seja, de frente para o Norte. Velas acesas ao longo da linha que corta o triângulo, em número par ou ímpar, de acordo. Se for para pedidos de ordem material, velas pares, e se for de ordem espiritual, ímpares. Se a pessoa (ou pessoas) for *descarregar-se* a colocação será de costas para o ponto cardeal Norte, com os pés unidos e sobre a linha que corta o meio do triângulo. Isso, descalço. Se for fazer uma chamada de força espiritual, um batismo, uma confirmação, etc., para um médium, esse fica ajoelhado dentro do triângulo riscado, em cima da linha que corta o mesmo, sempre de frente para o Norte, quer numa mata, numa cachoeira, praia, etc. O pano em que se vai riscar deve ter a forma triangular e ser de cor vermelha pura e nunca nas variações dessa cor. A pemba para riscar é de cor branca. Esse triângulo riscado na pemba branca vai corresponder aos filhos da Linha ou Vibração de Oxóssi, Yori e Yorimá. Oferenda em volta do pano ou em cima e nunca dentro do triângulo riscado, tudo de acordo com o alcance espiritual ou segundo o costume de cada um ofertar na Linha ou ao seu Orixá, no seu terreiro...

Que não se embarace o "filho-de-fé ao verificar – por exemplo – que sendo de Xangô e portanto, planeta Júpiter, esses se relacionam com dois triângulos. Note que Júpiter tem dois signos, escolha apenas o triângulo que se identifica com seu signo. Isso porque apenas Sol e Lua têm um signo só, porém os outros planetas, cada qual tem duas casas ou dois signos.

Observação importante: – Essas operações com os triângulos fluídicos, na magia, de acordo com as discriminações dadas, inclusive oferendas, etc., tanto podem ser feitas para ORIXÁS AN-CESTRAIS, quanto para qualquer Entidade, caboclo, preto-velho e criança da Vibração desses Orixás ou dessas Linhas...[2]

Agora vão surgir mais três símbolos ou escudos fluídicos que, riscados, tomam a forma de seus clichês astrais e que correspondem a mais 3 Linhas de Força. Uma corresponde ao *tatwa Akasa* que particulariza um 5º elemento, o chamado éter vital ou os éteres vitais, que considero a *linha de Força Cruzada* ou dos Orixás conjugados. Essa linha de força cósmica – o Akasa – dá seqüência aos 4 elementos cósmicos (Tejas, Vayu, Apas e Prithivi) citados no mapa-chave nº 6.

Até aqui já foram citados 5 elementos e dadas as condições e relações especiais dos 4 citados no parêntese acima, com os triângulos, os signos, etc. Falta apenas dar as condições desse 5º elemento ou *linha de força*, a mesma que Akasa. Isso virá na chave nº 7. Agora é importante que se fique inteirado ainda de que esses 5 elementos, *tatwas ou linhas de força*, têm suas correntes de energia, *todas apropriadas às funções do corpo astral ou o chamado perispírito*, porque esses tão citados 5 elementos ou tatwas só produzem ou geram condições até à *qualidade* que se diz "matéria astral" (os 2 elementos ou linhas de força que produzem a "matéria mental" vão ser citados agora).

---

2   Preto-velho não quis nesses casos especiais de operar com os triângulos fluídicos na magia positiva ampliar oferendas. Mesmo porque: – primeiro, essa questão de oferendas varia de terreiro para terreiro. Segundo, em nossa obra "Umbanda de Todos Nós", nas páginas 304, 305, 306 e 307 da 2ª edição, nas páginas 299, 300 e 301 da 1ª edição e nas páginas 238, 239 e 240 da 7ª edição, existem oferendas especificadas, de forma correta, suave e condizente, para cada Linha ou Orixá e próprias, também, para confirmações, batismos, preparações de médiuns. Quem quiser pode consultar essa obra e usar conforme ali está. Apenas, aquelas preparações estão baseadas nos Ideogramas ou sinais na lei de pemba, dos *chakras*, mas nada disso altera no caso dos triângulos. Assim é que muitos acharam difícil entender. Eis, portanto, essa *fórmula*, mais fácil e *precisa*...

Então, vêm, agora, as 2 últimas Linhas de Força para completar as 7. Essas 2 surgem como um duplo *elemento superior*. Quais são, portanto, esses dois elementais ? São os denominados tatwas Upanadaka e Adi da Escola Oriental. São, em suma, os tatwas mentais. Nesse caso, a corrente de elementos ou de energia cósmica apropriada é mais fina, mais sutil, é setessenciada. Entenda-se assim, que a "matéria mental" é manipulada pelos 2 *chakras superiores*, nas condições para o aspecto masculino e o feminino. Esses 2 chakras superiores não existem nos animais. Os símbolos desses 2 tatwas mentais, ditos *upanadaka e adi*, na representação mágica, vibram na invocação direta da faixa crística ou de Jesus Cristo, por intermédio das Entidades dessa Vibração. Eis o mapa-chave, com as regras e os símbolos correspondentes, para uso especial...

CHAVE Nº 7

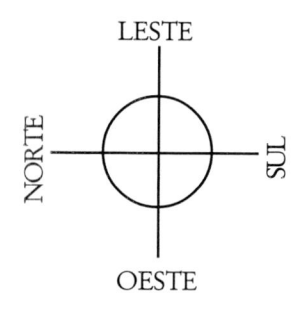

Símbolo dos Orixás conjugados, com seus elementos em Akasa... Distribuir os médiuns nessa *cruz* que divide o círculo, sendo: médiuns masculinos ao longo da linha Leste-Oeste e médiuns femininos ao longo da linha Norte-Sul. Velas exclusivamente de cera, em cada um desses pontos, sempre em número ímpar, porque, nessa operação com esse símbolo, não se fazem pedidos de ordem material. Os médiuns assim distribuídos, colocar o paciente ou pacientes, se for caso de doenças, dentro do círculo e fazer as invocações faladas e cantadas para todos os Orixá ou Linhas, e se for para a preparação final de um médium, colocá-lo dentro do círculo, ajoelhado, bem na cruz formada pelo cruzamento das 2 linhas ou riscos. Esse símbolo pode ser riscado no chão do terreiro, conforme as direções dadas acima, na pemba AZUL. Atenção – no caso de o médium que for receber sua preparação final ser masculino, ele deve ser colocado dentro do círculo, de frente (de pé ou ajoelhado, conforme o ato) para o ponto cardeal Leste.

E ao longo da linha Norte-Sul, somente médiuns masculinos. Não entram nesse círculo médiuns femininos. A mesma condição para o caso da preparação de médiuns femininos e na mesma regra, isto é, não entram médiuns masculinos.

Agora, quanto ao aparelho-chefe ser masculino ou feminino, isso não importa.

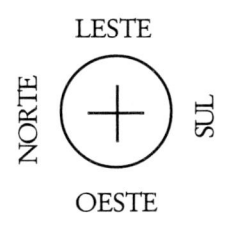

Símbolo de representação astral fluídica para a corrente de energia elemental que forma a Linha de Força mentopsíquica feminina (equivalência sobre a hipófise – parte que manipula os hormônios femininos) e que vem corresponder ao tatwa ADI. Esse símbolo deve ser riscado na pemba Amarela e a distribuição de médiuns é somente do *sexo feminino,* ao longo da cruz que está dentro do círculo. Colocar o médium feminino que pode ser batizado, preparado, etc., dentro do círculo, de frente para o ponto cardeal Leste, bem como as pontas dessas 2 linhas cruzadas devem ter correspondência com os 4 pontos cardeais. Velas somente de cera e em número ímpar.

Símbolo de representação astral fluídica, para a corrente de energia elemental que forma a Linha de Força mentopsíquica masculina (equivalência sobre a hipófise – parte que manipula os hormônios masculinos) que corresponde ao tatwa UPANADAKA. Riscar na pemba *Amarela,* com a linha vertical em direção ao ponto cardeal Leste. Colocar os médiuns, *so-*

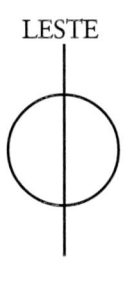

mente masculinos, ao longo dessa linha vertical todos de frente para Leste. Fazer as invocações, para batismos, preparações, etc., com o médium dentro do círculo e de frente também para esse ponto cardeal, ajoelhado ou em pé, conforme o ato. Velas somente de cera e em número ímpar, ao longo da linha circular, pela metade ou fechando o círculo.

Observação final sobre os dois últimos símbolos, ditos de representação astral mentopsíquica feminino-masculino: – toda operação que se faça sob a força desses símbolos riscados e de conformidade com o exposto, deve ser feita para a Linha de Oxalá e também para qualquer Entidade dessa Vibração. Essas operações são mais apropriadas para os assuntos de ordem puramente espiritual. E ainda podem ser usados, dentro do exposto, para os doentes mentais, ou nervosos e obsedados, submetidos à força da corrente dos médiuns assim formada, de acordo com a regra dada para cada símbolo... Bem como esses três símbolos são mais adequados para se riscar, dentro do terreiro, mas podem ser riscados também numa praia, em forma de sulcos ou riscos sobre a areia. Numa cachoeira, se tiver uma pedra que a isso se preste, será ótimo. Numa mata, pode-se limpar o chão e riscar, com pemba ou sulco, conforme, na areia. Também, para um trabalho ou uma operação especial, esses símbolos podem ser riscados sobre um grande pano (o tamanho suficiente) e levado para a praia, a mata, a cachoeira, etc.

Segredos da Quimbanda ou Planos Opostos • A Verdade sobre os Chamados de Exus – Espíritos Elementares em Fase Evolutiva... Não Confundir Quimbanda com "Quiumbanda"... Os Exus, a Polícia de Choque do Baixo Astral em Grande Atividade ou num Tremendo Trabalho de Fiscalização e Frenação sobre os Quiumbas – os Marginais do Baixo Astral • As Verdadeiras Oferendas que Exu Recebe • Os Exus do Ar, do Fogo, Da Terra e da Água e os seus Escudos Fluídicos na Lei de Pemba... Armas, Lutas, Prisões e Castigo no Astral

Cícero: – Sim, meu bom "preto-velho", em relação com as lições que acabas de dar sobre Umbanda, confesso que estou satisfeito... Agora, espero que situes, também, alguma coisa sobre essa tão decantada *Quimbanda,* pois, segundo as observações que fiz em face das práticas que vi, atribuídas a ela, é a *coisa* que está mandando, imperando, quase por toda parte, nos chamados terreiros – rotulada de Umbanda...

Preto-velho: – É, "zi-cerô", a Quimbanda é uma questão fina, difícil de explicar para os entendimentos comuns. Porque, fácil é se dizerem, muitas *coisas* e atribuí-las aos Exus e com isso criar um conceito enganador que ilude e faz com que os fracos de espírito, ignorantes e mesmo os ingênuos as sigam...

Assim, seguem caminhos escusos e tortuosos. Mas a quem caberá, portanto, a responsabilidade disso? É claro que só poderá recair, com mais força, sobre os que a firmaram, escrevendo e portanto propagando uma doutrina perniciosa.

Como vês, a questão é fácil, daquela forma enganadora, porém difícil e complexa pelo lado correto, simples, em face justamente dos conceitos e das superstições já tão arraigadas...

Todavia, vou abordar alguns aspectos essenciais que, na certa irão surpreender. Creio, dessa forma, prestar um bom serviço *aos verdadeiros Exus* e aos incontáveis *filhos de terreiro* que pensam estarem tendo contatos com eles, mas que, em realidade, *estão é nas garras dos velhos e matreiros quiumbas – esses marginais do astral..*

A QUIMBANDA, "zi-cerô", é composta de LEGIÕES de espíritos, na fase de ELEMENTARES, isto é, desses espíritos em evolução, dentro de certas funções cármicas e das condições que lhes são próprias. (O carma, filho, tem reajuste e cobrança. Quem faz reajustar? Quem faz ou procede às cobranças? Quem opera, *diretamente,* para o equilíbrio dessa Lei?) Essas Legiões se entrosam em PLANOS e Subplanos com seus Agrupamentos e Subagrupamentos. Tudo isso opera, trabalha nos serviços mais "terra-a-terra", dentro da *justa relação imposta pelo Carma coletivo, grupal e individual.* E os espíritos que coordenam todo esse movimento de Planos e Subplanos, Grupos e Subgrupos da Quimbanda, como "cabeças de legião", são realmente qualificados como Exus, em realidade uma espécie de "polícia de choque" para o baixo astral.

Esses Exus não são espíritos irresponsáveis, maus, trevosos, etc. Os verdadeiros trevosos, maus, etc., são *aqueles* a quem eles arrebanham, controlam e frenam.

Com isso não quero dizer que esses Exus sejam bons, que só façam o *bem,* etc. Para eles o conceito do Bem e do Mal são variações necessárias ao seu aprendizado: – são aspectos que eles enfrentam, quer para um lado, quer para o outro, desde que isso entre na órbita de suas funções cármicas, pois que nunca fazem nada por conta própria. São sempre mandados intervir ou operar em certos reajustes, em certas cobranças. Porque, é preciso que se compreenda que nada se processa de *cima para baixo*, por acaso, como se um reajuste, uma cobrança, ou melhor, uma ação de equilíbrio cármico, fosse uma *coisa* espontânea, gerada de motu próprio, sem direção, sem controle, sem leis reguladoras. Ora, e se há Leis e Subleis *para tudo,* como não haveriam de existir os veículos apropriados, nas suas variações de equilíbrio?

Dentro dessas condições, é que eles operam, prestam-se aos trabalhos de ordem inferior, porém necessários, porque *tudo* tem seus paralelos e seus executores.

Essa classe de espíritos que assim operam são os Exus intermediários, chamados na Umbanda como "batizados" na linguagem dos "terreiros"... São seres na fase de elementares, no 3º Ciclo – o da libertação ou isenção dessa função cármica.

Fora desse 3º, há os do 2º e 1º Ciclos, mais inferiores ainda e *controlados* por aqueles já ditos como intermediários ou "batizados", que são os seus "cabeças de legião"...

De sorte que vou levantar alguns segredos da Quimbanda para surpresa dos que pensam serem os Exus uns bichos-papões, compadres maus, etc.

Os Exus intermediários, do 3º, e os subintermediários, do 2º e 1º Ciclos se dividem em 4 classes: – há os do Fogo, do Ar, da Água e da Terra. Por que assim? Porque eles operam por afinidades astral, dentro das variações eletromagnéticas desses elementos – criando, também, seus *elementais*, tema já definido atrás, e de como e por que são confundidos pela interpretação dada de "espíritos da Natureza". Convém lembrar mais uma vez que esses "espíritos da Natureza" ditos *elementais* de outras Escolas, não são espíritos de verdade com inteligência, faculdade, etc., iguais às nossas de Espíritos encarnados e desencarnados e ao Exus também, é claro. Em realidade, a confusão é da literatura ocultista ou dos magistas.

Esses Exus de 1º, 2º e 3º Ciclos, na fase de elementares, são os que podiam ser, positivamente, denominados de Salamandras, Ondinas, Silfos e Gnomos.

Porque são eles os Exus que manipulam, também, dentro do aspecto inferior *mais terra a terra*, os *elementos* ígneos, térreos, aquosos e aéreos, nos seus campos ou correntes vibratórias próprias, criando neles *formas diversas*, que alimentam e mantêm, pelo próprio poder vibratório de seus pensamentos e de suas auras, surgindo, assim, o aspecto de *elemental inferior* que é tão-somente uma espécie de larva, de um clichê astral que eles, Exus, *animam,* para uso diverso.

No entanto, esses espíritos são obedientes às Entidades Superiores – nossos denominados Orixás (liguei os termos Entidade e Superior para designar um Espírito ou Ser Espiritual elevadíssimo, como dono ou senhor dos citados elementos da Natureza, que dão formação aos *elementais ou a um elemental).*

Os Exus são arregimentados pelos Orixás ou por seus enviados (caboclos, pretos-velhos, etc.) e formam em obediência a seus escudos fluídicos ou triângulos de força.

De sorte que esses Exus intermediários ao verem um escudo fluídico ser riscado, dentro das evocações correspondentes, por uma Entidade, sabem logo qual a classe que está sendo chamada para operar, de acordo com a qualidade desse escudo ou triângulo, que por sua vez determina o ponto cardeal e a corrente cósmica que vai ser manipulada.

Logo, ao ser riscado um triângulo de Orixá, eles aguardam, apenas, *uma certa variação nele,* para saberem, dentro da Linha de Força, qual o *cabeça de legião* intermediário chamado.

Essas variações, é claro, são de 7 nos 4 triângulos básicos dos Orixás ou das Linhas, porque, em realidade, esses Exus quase nunca operam por conta própria e nem praticam ações maléficas, contundentes, ditas do mal, pelo simples prazer de fazer esse mesmo mal.

Há que se definir para se compreender melhor isso. Porque – parecerá incrível o que este "preto-véio" vai dizer...

Quem "come" ou quem sente fortíssimos desejos de "alimentar-se" das emanações do sangue, do álcool, do dendê, farofa, carne, pipoca, etc., não são os Exus conhecidos na Umbanda como "os batizados", e sim, os espíritos dos subplanos e subagrupamentos da Quimbanda... esse que compõe a "cauda de suas legiões".

São os velhos Quiumbas – espíritos atrasadíssimos de todas as classes, muitas dessas até compostas pelos que ainda não encarnaram uma só vez. Esses formam o duplo aspecto da Quimbanda – *o do reino da Quiumbanda*...

Esses Quiumbas são chamados também de "rabos de encruza". São perigosos quando mistificam os caboclos, os pretos-velhos, etc., e mesmo os próprios Exus.

Os Quiumbas são os *marginais do astral* e os Exus são a "polícia de choque" que os vigia e coordena, porque, se não fosse assim, a *coisa seria muito pior...*

De seu "reino" – a Quiumbanda – eles saem como enxames e se acercam da faixa dos "terreiros", dos Centros de Kardec, também atentos, famintos e sedentos, prontos para invadir o ambiente, por qualquer uma *brecha* que encontrem. É por isso que se usa, em sentido comum, "trancar a gira" com uma casinhola, etc., para o Exu tal-e-tal. Isso significa a guarda de um Exu – "cabeça de legião", para que tome conta deles – os Quiumbas.

Quais são, portanto, esses Exus – intermediários, positivos trabalhadores, ordenados da Umbanda para a Quimbanda e daí até o *reino* da Quiumbanda?

São 7 os principais CABEÇAS DE LEGIÃO:

1º)   EXU SETE ENCRUZILHADAS para a LINHA ou VIBRAÇÃO DE OXALÁ (essa Linha opera com entidades de caboclos)...

2º)   EXU POMBA-GIRA para a LINHA ou VIBRAÇÃO DE YEMANJÁ (essa Linha opera com entidades de caboclas)...

3º)   EXU TIRIRI para a LINHA ou VIBRAÇÃO DE YORI (essa Linha opera através das entidades ou espíritos de crianças)...

4º)   EXU GIRA-MUNDO para a LINHA ou VIBRAÇÃO DE XANGÔ (essa Linha opera com entidades de caboclos)...

5º)   EXU TRANCA-RUAS para a LINHA ou VIBRAÇÃO DE OGUM (essa Linha opera através de entidades de caboclos)...

6º)   EXU MARABÔ para a LINHA ou VIBRAÇÃO DE OXÓSSI (essa Linha opera com as entidades de caboclos e caboclas)...

7º)   EXU PINGA-FOGO para a LINHA ou VIBRAÇÃO DE YORIMÁ (essa Linha opera através das entidades de pretos e pretas-velhas)...

Agora que isso está mais ou menos compreendido, "preto-velho" vai dizer como se firma ou se pedem favores a esses guardiões inferiores – os Exus cabeças de legião, para aqueles que têm afinidades com eles e que precisam defender seus terreiros, seus negócios, seus lares, da invasão ou da ronda dos *quiumbas*.

Assim procedo para que saibam lidar com eles de maneira certa, positiva, visto a maioria vir fazendo e usando a *coisa* errada, pois a orientação direta de uma Entidade de fato, atualmente, é algo difícil.

Já discriminei os "cabeças de legião" e já disse que eles têm seus triângulos próprios, isto é, os mesmos Orixás, dentro de *certas variações de sinais*.

Para que um aparelho ou um filho-de-fé saiba com qual Exu deve lidar e para fazê-lo de guardião de seu terreiro (caso tenha afinidades com esses espíritos e não o faça de modo diferente, advindo com isso *prejuízos* ou envolvimentos com outra classe de espíritos) é só consultar o mapa-chave número 6, que mostra, pelo seu signo, o seu Orixá ou Linha, pois já viu qual pode ser o Exu intermediário dessa Linha. Eis, então, as características de cada um:

Para os aparelhos ou filhos da LINHA DE OXALÁ, o seu guardião terra a terra o "cabeça de legião" sendo o EXU SETE ENCRUZILHADAS, este obedece à força desse triângulo fluídico riscado com *pemba vermelha*, com um vértice ou ponta para o ponto cardeal Sul. O pano sobre o qual é 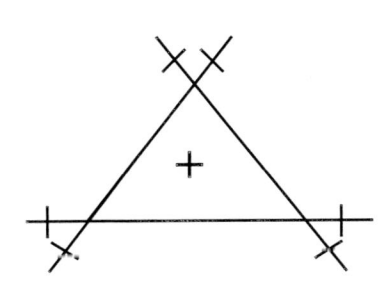 riscado deve ser de cor *cinza* e também cortado de forma triangular. Leva uma vela em cada ponta de cruz e uma na do centro do triângulo, perfazendo *sete*, se for para pedidos de ordem espiritual, assim como proteção, descargas, seguranças, etc., e *seis* velas, uma em cada ponta da cruz, se for para pedidos de ordem material. Só aceita álcool ou aguardente num copo de barro (não se deixa garrafa nem vidro perto) e charutos de sete a vinte e um dos bons, num prato também de barro, acesos em forma de leque, lumes para fora. Deve-se botar, também, bastante flores de trombeta em volta do pano e três dentro.

Essa oferenda pode ser feita aos domingos, perto da meia-noite sempre numa encruzilhada de *quatro saídas ou caminhos*, nos campos, nas capoeiras ou mesmo numa mata e *nunca nas encruzilhadas de ruas.*

Para os aparelhos ou filhos da LINHA DE YEMANJÁ, o seu guardião terra a terra, sendo a EXU POMBA-GIRA, esta obe- 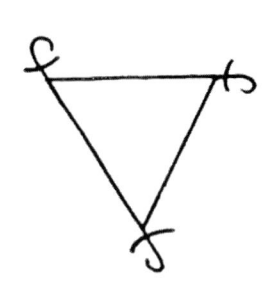 dece à força deste triângulo fluídico riscado com pemba amarela, com a parte oposta a um vértice ou ponta de frente para o ponto cardeal OESTE. O pano sobre o qual deve ser riscado é de cor verde-escura, também cortado em forma triangular. Leva velas ímpares para pedidos de ordem espiritual nas pontas e nos cruzamentos de *riscos* e velas pares para pedidos de ordem material, todas dentro do triângulo riscado. Aceita álcool ou aguardente num copo de barro e charutos num prato de barro, acesos de lumes para fora, em forma de leque. Aceita folhas de pinhão-roxo ou de trombeta e flores iguais, também em redor de sua oferenda. Estas oferendas devem ser feitas às *segundas-feiras,* entre nove horas e meia-noite, sempre numa encruzilhada de quatro saídas ou caminhos, nos campos, nas capoeiras, matas etc., e nunca *nas de ruas.*

Para os aparelhos ou filhos da LINHA DE YORI, o seu guardião terra a terra sendo o EXU TIRIRI, este obedece à força deste escudo fluídico riscado com pemba roxa com um vértice ou ponta para o ponto cardeal LESTE ou NORTE. O pano sobre o qual deve ser riscado deve ser de cor *cinza-clara,* cortado em forma triangular. Leva velas ímpares para pedidos de ordem puramente espiritual, ao longo da *linha de saída* que corta o dito triângulo e para pedidos de ordem material, com velas pares dentro do triângulo. Aceita álcool ou aguardente em copo de barro e charutos em prato de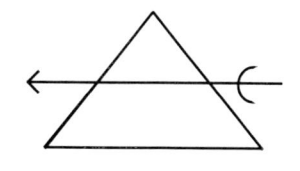

barro, acesos de lumes para fora, em leque. Aceita qualquer espécie de flores miúdas de tonalidades pardo-escura, etc., junto com galhos de vassourinha-branca por cima e ao redor de sua oferenda. Estas oferendas devem ser feitas às *quartas-feiras,* entre nove horas e meia-noite, sempre numa encruzilhada de *quatro saídas ou caminhos,* nos campos, capoeiras, etc., e nunca *nas de ruas.*

Para os aparelhos ou filhos da LINHA DE XANGÔ, o seu guardião terra a terra sendo o EXU GIRA-MUNDO, este obedece à força deste triângulo fluídico riscado com *pemba vermelha* e

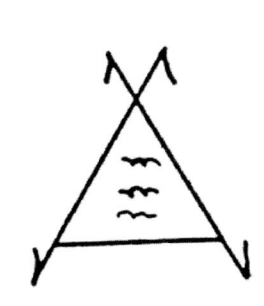

com a ponta ou vértice que está dando cruzamento de 2 pontas ou saídas para o ponto cardeal SUL ou OESTE. O pano sobre o qual deve ser riscado é de cor *verde-escura,* cortado, em forma triangular. Leva velas ímpares nas pontas de saídas do triângulo, distribuídas de acordo e pares para pedidos de ordem material, dentro do triângulo riscado. Aceita álcool ou aguardente num copo de barro e charutos acesos com lumes para fora, dentro de um prato de barro. Aceita folhas e flores de trombeta, em redor de sua oferenda, que deve ser feita às *quintas-feiras,* entre nove horas e meia-noite, sempre numa encruzilhada de *quatro saídas ou caminhos,* nos campos, capoeiras, matas, e nunca *nas de ruas.*

Para os aparelhos ou filhos da LINHA DE OGUM, o seu guardião terra a terra sendo o EXU TRANCA-RUAS, este obe-

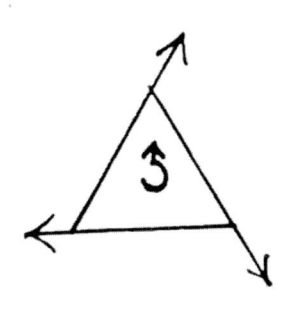

dece à força deste triângulo fluídico riscado com *pemba vermelha* e com um de seus vértices ou pontas de frente para o ponto cardeal SUL ou OESTE. O pano sobre o qual deve ser riscado é de cor cinza, cortado em forma triangular. Leva velas ímpares para pedidos de ordem espiritual nas pontas de saídas, distribuídas de acordo e velas pares para os pedidos de ordem material, dentro do triângulo riscado. Aceita álcool ou aguardente em copo de barro e charutos em prato de barro, acesos, em leque, com os lumes para o exterior do prato. Aceita folhas de trombeta e flores da mesma com espada-de-ogum em volta de sua oferenda, que deve ser feita às *terças-feiras*, entre nove horas e meia-noite, sempre numa encruzilhada de *três saídas ou caminhos*, dessas que tenham a forma de um T, sempre nos campos ou capoeiras e nunca *nas ruas*.

Para os aparelhos ou filhos da LINHA DE OXÓSSI, o seu guardião terra a terra sendo o EXU MARABÔ, este obedece à força deste escudo fluídico riscado com *pemba roxa* e com a ponta em forma de seta que corta o triângulo e fica paralela com um vértice, de frente para o ponto cardeal LESTE ou NORTE. O pano sobre o qual deve ser riscado é de cor cinza-clara, cortado em forma triangular. Leva velas ímpares para pedidos de ordem espiritual ao longo desta *seta* ou seja, distribuídas de acordo com o desenho que tem esta seta. E para pedidos de ordem material, as velas serão pares e 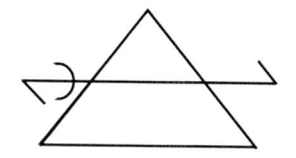 dentro do triângulo riscado. Aceita álcool ou aguardente em copo de barro e charutos acesos, em leque, com os lumes para o exterior do prato de barro. Aceita flores de trombeta e folhas de comigo-ninguém-pode, em torno de sua oferenda, que deve ser feita às *sextas-feiras*, entre nove horas e meia-noite, em *qualquer encruzilhada de campo,* capoeiras e matas, e nunca *nas de ruas*.

Para os aparelhos ou filhos da LINHA DE YORIMÁ, o seu guardião terra a terra sendo o EXU PINGA-FOGO, este obedece à força deste triângulo fluídico riscado com *pemba vermelha* e com uma das pontas da seta riscada que atravessa o triângulo, de frente para o ponto cardeal LESTE ou NORTE. O pano sobre o qual deve ser riscado é de cor cinza-escura, cortado em forma trian-

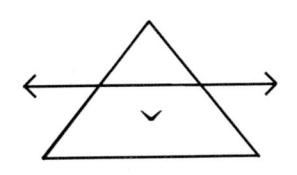 gular. Leva velas ímpares para pedidos de ordem espiritual, ao longo desta seta que corta o triângulo, distribuídas de acordo, e velas pares para pedidos de ordem material, ao correr do risco em forma de V que está dentro dele. Aceita álcool ou aguardente em copo de barro e charutos em pratos de barro, acesos em leque, com os lumes para o exterior. Aceita flores de trombeta e folhas de pinhão-roxo, em torno da oferenda que deve ser feita aos *sábados*, entre nove horas e meia-noite, nos campos, capoeiras e matas, e nunca nas encruzilhadas de rua. Essa oferenda pode ser feita em qualquer *tipo de encruzilhada*.

Obs.: importante: Não deixem garrafas ou vidros com essas oferendas, nem objetos cortantes, nem nomes de ninguém e muito menos dêem descargas de fogo. *Essas oferendas estão coordenadas para pedidos de ordem puramente positiva e só surtem efeitos dentro dessa condição: Fazer ao contrário é receber de imediato um impacto negativo e perigosíssimo...*

Cícero: – É surpreendente, meu "velho", o que acabas de elucidar sobre a Quimbanda. Não te interrompi uma só vez, dado o excepcional interesse com que te ouvia, nessas discriminações. Além de ter notado que as oferendas diferem bastante das usuais ou dos "despachos ou ebós" tão falados, tenho ainda a perguntar por que, nas características de cada exu-guardião, frisas que ele não recebe essas oferendas ou qualquer outra, *nas encruzilhadas de rua?*

Preto-velho – Este "preto-véio" vai responder: – essas encruzilhadas de ruas, além de serem impróprias para qualquer *operação positiva*, dado que a maioria das pessoas que as encontram olham para *essas coisas* com vibrações negativas de toda sorte, assim como desprezo, deboches, medo, aversões, etc., e muitas mesmo as pisam, outras tiram materiais, etc. Com isso, estão, naturalmente, quebrando o encanto que porventura pudesse existir nelas.

Por outro lado, não podem servir para as operações necessárias e positivas com os exus, porque essas encruzilhadas de rua são mais "moradia" ou "habitat" dos espíritos classificados ou conhecidos como os "rabos de encruza" e de toda sorte de espíritos vadios, almas penadas ou aflitas de toda espécie de que vivem indo sempre na *lábia* desses quiumbas velhacos e trapalhões, que procuram envolvê-los de todas as maneiras e para todos os fins...

De forma que um desses tais "despachos ou ebós" ali postos se torna um perigo, *mais para os que o botam*, porque, via de regra, não obedecem à direção de um Exu e muito menos de um caboclo ou preto-velho, etc. Esses filhos que despacham nas encruzilhadas de ruas não sabem que estão alimentando essas classes de espíritos, que imediatamente os cercam, envolvem, etc., para não perderem mais o *fornecimento das coisas* de que eles gostam. Em realidade, eles passam mais a atuar nos que botam os "despachos", do que naqueles para quem, *eventualmente*, são dirigidos. Então, pobres desses filhos que vivem alimentando as "encruzilhadas" de rua...

Por que, oh! "zi-cerô", é preciso que se diga: – esses quiumbas – espíritos viciados – não largam suas presas facilmente. Não querem perder a *fonte* de seus gozos, prazeres ou sensações várias. Como entender isso diretamente? Vou dar-te um exemplo: – um indivíduo é viciado num entorpecente qualquer e um outro – aquele que fornece – é sua *fonte*, em torno da qual ele gira constantemente, atrás de satisfazer o seu vício. No dia em que essa fonte não fornecer, ele se desespera e se torna capaz de tudo... até de matar. Isso está em relação com o caso dos aparelhos dominados por esses quiumbas... e com os que botam "despachos" nas encruzilhadas de rua.

"Zi-cerô"... quem gosta mesmo de pipoca, farofa, dendê, fita preta e amarela, sangue, carnes diversas e outras coisas mais, não é propriamente o Exu-guardião... Quem "come" ou quem faz tudo para se saciar nas encarnações desses "despachos" são os espíritos do *reino da quiumbanda"*.

"Zi-cerô"... quem "baixa" dando gargalhadas histéricas, grosseiras, fazendo contorções tremendas, jogando o aparelho de joelhos, com o tórax para trás, cheio de esgares e mãos tortas de forma espetacular, dizendo nomes feios ou imorais, etc., não são os Exus de lei – os batizados, os cabeças de legião! São os velhacos Quiumbas, que, nessa altura, já envolveram o infeliz médium que, por certo, criou condições para que eles entrassem na sua faixa neuropsíquico-mediúnica. Já estão "amarrados" nas garras deles... Como vai ser difícil a libertação...

Cícero: – Ainda mais uma última pergunta, relacionada com a questão dos triângulos fluídicos dos Exus. Podem servir, também, para a segurança de um terreiro, levando-se em conta que quase todos as têm, como "tronqueira", etc.?

Preto-velho: – Podem. Apenas terão que ser riscados e postos de acordo com os pontos cardeais correspondentes, dentro das características dadas para cada um desses "cabeças de legião"... riscados, é claro, na cor de pemba dada e numa tábua...

Resta ainda a este preto-velho lembrar que: sendo 7 os Exus intermediários das Linhas, é claro que eles também operam nas faixas dos 4 Elementos da Natureza, citados ou correspondentes. Ei-los pela ordem dada:

- Exu 7 Encruzilhadas... opera na faixa dos elementos ígneos e aquosos ou do FOGO e da ÁGUA.
- Exu Tranca-Ruas... idem... idem... idem.
- Exu Tiriri... opera nas faixas dos elementos térreos e aéreos ou da TERRA e do AR.
- Exu Marabô... idem... idem... idem...

- Exu Pinga-Fogo... idem... idem... idem...
- Exu Pomba-Gira... opera na faixa do elemento aquoso ou da ÁGUA.

Assim, meu filho, creio que tudo está bastante elucidado. Ainda me falta dizer que, sendo esses Exus intermediários a "polícia de choque" do baixo astral, isto é, do "reino da quimbanda", não lhe cause surpresa eu revelar que eles empregam até a "força" bruta, quando necessitam de frenar ou de exercer uma ação repressiva.

Há lutas tremendas no baixo mundo astral... Acontecem os "corpo a corpo", pancadarias, etc. Existem também "armas astrais" de ação contundente. Assim como você, "zi-cerô", pode, como encarnado que está, bater em outro corpo humano com uma vara, uma espada, uma borracha, etc., no astral também esses objetos podem existir, confeccionados de "matéria-astral", mais "rijos" do que os grosseiros da terra. Servem para fustigar corpos astrais, também grosseiros, como são os dos espíritos atrasados, quiumbas e outros mais... quando necessário.

Cícero: – Meu velho! Estou meio "assombrado"! Com isso tudo que acaba de dizer, foi se fazendo uma grande claridade na minha penetração espiritual. Portanto, pergunto: – se existem "polícia e marginais no astral", também devem existir prisões, não é?

Preto-velho: – Sem a menor dúvida, filho. Não se prenda à vaga interpretação de que "os espíritos vagam na erraticidade"... como se com isso eles "andassem" por aí, pelo astral, pelo espaço, ao léu...

Nenhum ser, no astral, vive assim, como que vagando " aereamente". Todos estão fazendo alguma coisa, de certo ou errado... todos estão empenhados ou ocupados em torno de *algo*... todos *giram* na razão e na relação de suas afinidades, isto é, de seus desejos, impulsos, atrações, etc., uns conscientemente e outros, ainda, dentro de suas incompreensões ou perturbações várias. E é em razão e em relação com essas afinidades que os espíritos ou os seres desencarnados são *atraídos às zonas cósmicas* (que também se chamam planos) apropriadas.

De acordo ainda com essas zonas próprias, é que eles "descem" ou se misturam nas camadas ou nos agrupamentos inferiores.

Daí, de dentro desse ambiente astral espiritual grosseiro, é que saem os *quiumbas e outros*, a fim de darem expansão às suas tendências, desejos, etc... São como salteadores, dentro da "noite astral". Infiltram-se por toda parte, visando mais o ambiente dos encarnados, dadas as emanações materiais que eles tanto desejam, enquanto não encarnam... Uns saem em busca de satisfazer seus vícios, vendo e sugando do vício dos encarnados, suas satisfações; outros saem a fim de satisfazer a revolta ou a vingança sobre os que deixaram ou estão na condição humana; e mais outros ainda, perigosíssimos, como "gênios do mal", comandam as incursões daqueles...

Todavia, todos eles estão sob vigilância. Há verdadeiras batalhas, corridas, fugas, etc., quando são pilhados diretamente em suas artes ou ações nefastas. Sim, porque eles também são sabidos, organizam-se. Muitos, quando assim pilhados, vão para as Escolas Correcionais ou para as prisões do astral. Sim, porque é certo, "zicerô", elas existem. Assim como existem os Hospitais, as Escolas Superiores e Especializadas.

Você sabe, filho, há um castigo tremendo, no astral, para esses empedernidos... Eles vivem dominados por um desejo voraz: – querem encarnar a todo custo. Então são refreados nisso... adiam essa oportunidade. Eles choram, imploram, etc. Prometem tudo. Dão-lhes prazos a fim de provarem isso... mas logo se deixam arrastar pelas sensações baixas e pronto... nada feito. E é em relação com tudo isso que os Exus trabalham (numa função cármica) e como trabalham, pois que, para tudo ou para todos os serviços ou operações, existem os veículos apropriados...

É claro que um ser elevado, um espírito de luz, "zi-cerô", não "desce" a esse mister... ele tem ocupações diversas e superiores, inerentes à sua condição espiritual... Compreendeu, filho?

Que tudo isso, que este "preto-véio" falou, possa ser assimilado pelos mais vivos de idéia... E que eles possam elucidar, por sua vez, os que não alcançaram ou não entenderam ainda essas *verdades* simples e utilíssimas para todos cujo carma os situa na faixa ou na Corrente Astral de Umbanda...

E que a paz de Nosso Senhor Jesus Cristo fique no coração de todo filho-de-fé que leia estas *lições na palavra deste preto-velho...*

NOTA FINAL DO AUTOR: Alguns críticos ou *arrivistas* censuraram o emprego que fiz em minhas obras sobre Umbanda dos termos que identificam Forças ou Potências, em outras Escolas. Disseram eles que *aquilo* não era *Umbanda...* era *teosofia, ocultismo, esoterismo, etc.* Ora, essas críticas pecaram pela base, dada a ignorância ou a má-fé dos que assim depreciaram. Não é fácil se falar da manifestação de *correntes de força* ou de energia cósmica, universal, existentes e empregadas por outras Escolas e que *também são manipuladas pelas nossas Entidades* espirituais, em sentido confuso ou abstrato. Foi necessário usar nomes ou denominações apropriadas. Essas denominações na literatura umbandista são coisas vagas. Que fazer? Que fizemos? Demos-lhes nomes e fizemos a relação, a analogia com os termos ou denominações usadas nessas Escolas, para melhor assimilação dos umbandistas, estudiosos e interessados. Por exemplo: as centenas de termos com os quais sistemas religiosos, filosóficos, espíritas, espiritualistas, ocultistas, magistas, etc. identificam Aquela Realidade Una e Suprema que nós dizemos de Deus, Zambi, Olorum, Tupã, etc., não a altera nem monopoliza essa Realidade para dentro de cada uma. Cada qual particulariza com o termo o conceito de suas interpretações. Isso se dá também com as Forças, as Potências, as Correntes, etc., que se manifestam em toda parte. Na Umbanda suas denominações eram vagas. Demos-lhes *nomes* e apontaram-se os nomes pelos quais são conhecidos noutras Escolas...

ADENDO DO AUTOR, INSERIDO A PARTIR DA 5ª EDIÇÃO

Evidente que preto-velho, que é o PAI GUINÉ D'ANGO-LA, achou por bem somente ensinar a magia dos EXUS unicamente pelo lado relativo dos seus escudos-fluídicos.

É claro que existem variações, principalmente na Umbanda Esotérica, onde tudo que se refere a magia obedece à Lei de Pemba na grafia dos sinais riscados (o que não existe na Umbanda Popular). Porque, magia é o ato de se acionar o poder da própria vontade, através de um ritual, vinculado a elementos materiais astrais e espirituais, a fim de alcançar o objetivo visado.

A Origem do Termo Exu

EXU, como nós o pronunciamos, é o mesmo ECHU ou ISHU dos Nagôs (os Nagôs pronunciavam o XU de ISHU levemente sibilado). ISHU, ou ECHU, é, portanto, o mesmo que EXU. Essa palavra foi incorporada e adotada na mística religiosa desse povo, para identificar uma divindade menor, que encarnava ou representava as facções que lidavam com o mal.

A origem dos termos ECHU ou EXU vem do vocábulo IRSHU, do idioma ZEND, palavra que passou a representar para vários povos a dissolução do PRINCÍPIO ESPIRITUAL PURO, que regia esses povos da Antigüidade, inclusive a gente de raça negra.

IRSHU foi um príncipe da Índia, filho do Imperador UGRA, que por não poder alcançar o trono de seu pai, como filho mais moço que era, provocou, apoiado por ambições políticas e religiosas, um violento Cisma, ou seja, uma terrível cisão, nessa época. Isso pelos idos do ano 3200 a.C.

Essa cisão produziu uma hedionda guerra de caráter religioso, massacrando, a ferro e fogo, a todos os que se opuseram às facções desse príncipe, destruindo também todos os seus santuários, através de tenaz perseguição a seus sacerdotes e magos (esse episódio é histórico e está descrito no livro Védico SKANDA-PURÃNA, bem como no LÊ RAMAYANA, de H. Fouché). Assim o massacre que esse cisma de IRSHU provocou ficou como marca indelével na memória dos poucos sacerdotes e magos que escaparam, como que representando o princípio do mal.

Para melhor elucidação, comparemos agora a origem dos termos SATANÁS e DEMÔNIO sob outros ângulos místicos.

Por exemplo – a palavra SATANÁS criou-se de uma mística negativa, ligada também ao pavor, ao medo, ao horror.

Senão, vejamos: naquelas eras pré-históricas os povos negros que já habitavam o continente Sul-Africano promoviam constantes incursões nos povos de raça branca, principalmente nos povos da área do Mediterrâneo. Levavam a guerra e o morticínio, e faziam levas de escravos brancos. Tamanho foi o pavor que essas invasões (dessa gente de raça negra) produziram nos brancos, que estes deram de conceber que tudo o que provinha dessa raça era negativo e terrível. Daí passaram a denominá-la, pejorativamente, de a gente SUDEANA. Esse horror, esse dito medo, essa mística negativa passou até a ser incorporada no conceito religioso de outros povos. Assim foi que, entre os egípcios, gerou os termos de SUTH ou SOTH; o de SATH, entre os fenícios; e o de SHATAM nos árabes e nos hebreus. Esse vocábulo – SUDEANO – serviu de raiz ao termo SATURNO entre os etruscos; SATHUR, SUTHUR, ou SURTUR entre os escandinavos. Foi por causa dessas implicações que os astrólogos passaram a chamar o planeta SATURNO como "O MALÉFICO". Os europeus denominavam os povos brancos, originários do pólo boreal, de gente BOREANA; ou HIPERBOREANA. Moisés a denominava GHIBOREANA.

Essa raça branca, tinha pavor daquela gente negra, que denominavam SUDEANA.

Em verdade, o EXU da Umbanda não encarna nenhum princípio maléfico; ele é e age como ficou explicado neste capítulo, e nem tampouco é a divindade menor – o EXU dos Nagôs – e muito menos o tal Diabo da mitologia de certas religiões. Em realidade, nenhum Deus de nenhuma religião "Criou" nenhum demônio ou qualquer espírito à semelhança do dito Satanás. Na verdade o Exu na Umbanda é um agente mágico, em função cármica disciplinar.

Isso tudo foi apenas invenções e adaptações de antigos legisladores religiosos. Ainda em verdade, esse termo não existia (será, que já existe?). Não existe na chamada de Velhas Escrituras e nem nos chamados de Quatro Evangelhos; apenas no Apocalipse de João, que foi iniciado na Ciência Teúrgica. Ele, o João, o absorveu e adotou, da doutrina de Zoroastro. Assim como os judeus lá pelos idos do ano de 589 a.C., quando de seu exílio na Babilônia, pois já sentiam ser um absurdo existir um Deus do bem que mandava matar 70 mil pessoas.

Essa doutrina de Zoroastro (falecido em 586 a.C. na Pérsia), pregava o princípio Dualista, um Deus do bem e da luz – seria ORMHUD e um Deus que dirigia as facções do mal, da sombra e da treva, seria ARRHIMÃ.

Cremos ter dado ou evidenciado que essa palavra SUDEANA, de sentido originariamente maléfico, foi a base ou raiz para todos os demais termos citados. Isso por adoções e transposições semânticas, para se adaptar ao linguajar ou aos idiomas desses povos que o incorporaram à suas místicas religiosas, do sobrenatural.

Quanto ao termo Demônio, esse é mais moderno, porque se originou do vocábulo grego DAIMON, que o filósofo Sócrates (falecido em 469 a.C., com 71 anos) dizia ser o nome de seu gênio bom, inspirador. E quanto ao nome DIABO, surgiu como uma corruptela grosseira de demônio.

E, mais uma palavrinha, logo que citamos livros religiosos: os ditos como a Bíblia e os Evangelhos, nestes últimos séculos ou anos, já sofreram inúmeras supressões e acomodações, isto é, eliminaram conceitos ou palavras inconvenientes nos seus versículos, substituindo por outros para mudarem o sentido antigo e inconveniente. Na Bíblia, versão inglesa, fala-se de espíritos elementais – ditos da Natureza – e na versão portuguesa, não se fala.

No *Livro dos Espíritos*, de A. Kardec, até a 21ª ed. da língua portuguesa, diz-se que Deus criou os espíritos, assim como uma máquina fabricando peças. Nessas últimas edições, já "endireitaram" isso.

De onde se deduz que as cúpulas religiosas vêm modificando as "palavras do Deus" – Jeová, de Moisés, dos apóstolos e dos espíritos kardequianos, segundo as suas necessidades.

Bem, entremos agora com outra margem de explicações – porque elas se entrelaçam com o exposto; para que o leitor umbandista possa se esclarecer mais. Indícios seguros, comprovações diversas, de caráter material, etnológico e antropológico, fizeram com que cientistas, pesquisadores, etc., do mais alto gabarito, concluíssem seus estudos convergindo em um ponto comum: o berço da raça negra foi realmente a Ásia. Concluíram também que seus primitivos troncos raciais habitaram regiões da Ásia Meridional e do Sul. Também estudos procedidos em terras africanas não conseguiram o mínimo de comprovação de que a raça negra fosse oriunda dessa mesma terra. Assim expusemos para podermos afirmar que os Nagôs e altos Sacerdotes desta raça trouxeram o Mistério de seus Santuários, a par com seus ritos, com suas lendas, suas crendices e superstições, do Continente Asiático. Por certo que conheceram a verdadeira Ciência Teúrgica – eis o caso de Jetro, que iniciou a Moisés.

Ed. Shurê, que pesquisou muito sobre os negros, afirma que eles, quando habitaram o Alto Egito, às margens do NILO, já tinham atingido um alto grau de cultura, a que os europeus deram o nome de Sabeísmo. Tiveram templos enormes, pois deles já observavam os astros.

Evidente que, já naquelas eras, imperava nos santuários de todos os cultos primevos a Tradição Patriarcal, ou seja, a primitiva Síntese Relígio-Científica – a chamada pelo dito Santo Agostinho de "a Relígio-Vera". Era portanto a Ciência Esotérica pela qual todos os Santuários da Antigüidade se pautavam, até o famoso SCHISMA de IRSHU, ocorrido na Índia.

Mas voltemos a nos reportar àquelas épocas anteriores a esse evento – de Irshu. Essa gente de raça negra, que habitava aquelas citadas regiões asiáticas, foi crescendo em população, foi se expandindo e foi também guerreando com seus vizinhos. Chegou até a construir templos religiosos, no Alto Egito, às margens do Nilo, como foi o caso do tronco racial dos Bantos.

Evidente que absorveu também os conhecimentos da Ciência Teúrgica que regia os ditos Santuários dessa Antigüidade. E a simples prova disso foi o caso de MOISÉS que, quando quis se iniciar no Alto Sacerdócio dessa Ciência, foi procurar entre os Madianitas, um dos ramos da raça negra – seu sábio sacerdote de nome JETRO.

Daí, já com o nome de iniciação de ASSAR-SEPH – que significa, salvo pelo batismo da água – foi para o santuário de YOKABED, no Egito.

Então, nessa época, essa gente de raça negra começou a sofrer dissensões internas, conflitos religiosos e militares, e pressões de outros povos circunvizinhos.

Problemas de ordem císmica precipitaram suas emigrações para outras regiões, até chegarem no solo africano propriamente dito.

Os conhecidos como povos bantos se fixaram no sudoeste africano, assim como Angola, Moçambique, Catembe, Magude, etc.

Outros povos de raça negra se fixaram mais ao centro, como foi o caso dos Nagôs ou Yorubanos, na Nigéria. E outros mais para as regiões da Costa do Marfim, Costa do Ouro, etc. E uma das comprovações de que trouxeram acentuada cultura religiosa e social foi o chamado Império de Bênin. Esse povo se vestia bem, tinha ruas bem cuidadas e até existiam impostos, e forças militares. O seu soberano era denominado MONA-MONTAPA.

Aqui, um ligeiro parêntese: o termo Nagô é uma corruptela da palavra ÂNÂGÓ, que tomou um sentido negativo para os negros FONS – de cultura religiosa fortemente islâmica – que deturparam a palavra ÂNÂGÓ para NAGÔ. Por isso, quando os franceses, em 1870, conquistaram os povos FONS, foi que também adotaram a corruptela "NAGÔ", pois essa gente – os ÂNÂGÓS – era inimiga dos FONS e cultuadora dos ORISSAS.

Bem, conforme dissemos, todos os templos, todos os santuários dos povos da Antigüidade, através da expressão máxima de seus Sacerdotes, Magos, etc., tinham uma ligação, que era o conhecimento comum de uma só Ciência Teúrgica, que adaptaram a seus costumes, a seus idiomas e a compreensão de seus povos. É claro que os sacerdotes da raça negra também fizeram o mesmo. Há, por exemplo, o complexo hierárquico dos Nagôs, com mais de 400 divindades ditas as de Direita, e as de Esquerda – as Masculinas e as Femininas, cujos nomes foram extraídos da sonância de certos sinais misteriosos e sagrados do ALFABETO ADÂMICO, oriundos dessa Kabala Original, dita posteriormente como Ário-Egípcia, e não da moderna Cabala Hebraica ou rabínica. A prova desse entendimento comum sobre os segredos e as revelações da Ciência Teúrgica que se expressava pela dita Kabala, está nos outros enormes complexos hierárquicos de todas as outras grandes religiões.

Veja-se, por exemplo, o complexo das divindades do primitivo Vedismo, do Vedo-bramanismo, do Bramanismo, e do Budismo – o indiano e o chinês.

Assim foi que surgiu o OLORUN (dos Nagôs); depois o OBATALÁ, à semelhança do Parabrama e do Brama dos indianos.

Daí se infere que, já fixados em solo africano, na Nigéria, os Yorubanos ainda guardavam o nome dessas divindades, denominadas por eles como ORISHAS (e no Brasil, ORIXÁS). Entende-se assim que tinham conhecimentos do verdadeiro e misterioso Jogo do IFÁ, com seus sinais do dito Alfabeto Adâmico (do qual também RAMA se serviu, para compor o seu Planisfério Astrológico).

E tanto é que existem ainda provas comparativas desse entendimento, dessa tradição esotérica, dessa Ciência Teúrgica que, na pura doutrina do Budismo Indiano, existe uma Mística que se casa muito bem com as faculdades que os magos deram aos Orixás que diziam ser os Cavaleiros K-UMBANDAS, que cavalgavam corcéis azuis.

Só que os Nagôs não guardavam, através dos séculos, o termo Umbanda, como vértice da Ciência Teúrgica.

Somente os Bantos guardaram o seu significado, para depois perdê-lo. Expliquemos: – repisando certos pontos básicos, para que o leitor veja bem qual o nosso objetivo final.

Em épocas anteriores ao ano 8600 a.C., já dissemos que essa raça negra habitava regiões da Ásia e também tinha estabelecido um grande poderio no alto Egito. Daí e de outros setores, por questões raciais e religiosas, aconteceram violentas dissensões internas e externas, culminando com o aparecimento de fenômenos císmicos. Com tais acontecimentos foram obrigados a emigrar para as terras africanas propriamente ditas.

Lá indo ter, por certo que levaram a sua cultura e vivências adquiridas, relativas a toda essa Ciência Teúrgica (Teurgia: arte e aplicação superior da alta Magia).

Nesse solo africano, com o transcorrer dos séculos, foram esquecendo, embaralhando com novas adaptações, sobre esses conhecimentos de base, e também, dos métodos corretos de suas execuções (é, por exemplo, o caso do rito secreto do OGBÓRI, que em verdade significa venerar a cabeça do filho do ORISSA – que ninguém mais sabe fazer nem no Brasil, nem na própria África.

Fazem, sim, um tal de BORI – como sendo dar de comer à cabeça, com matança e sangue.

Com os Bantos e suas ramificações raciais, aconteceu o mesmo – esqueceram mais ainda. Daquele passado só guardaram apenas o significado possante do termo Umbanda, que ficou registrado no idioma KIBUNDO, como arte ou ofício de curar, de evocar espíritos, etc.

Essa perda, esse embaralhamento da Ciência Teúrgica, da tradição Relígio-Científica, pode até ser comparada no simbolismo dito como "da Torre de Babel"; que, em verdade, foi na era de Minrod e significa o mesmo que uma cisão, uma tremenda confusão de idéias religiosas ou doutrinárias.

Todos os povos da Ásia e da África estavam vivendo uma espécie de caos religioso, e de costumes, quando surgiu um poderoso Sacerdote, legislador e chefe guerreiro, para consertar tal estado de coisas.

Esse legislador foi RAMA, um celta-europeu, portanto, um ocidental, que já tinha expulsado as hostes negras de várias regiões do continente europeu. RAMA à frente de suas facções e de um imenso exército de negros pigmeus – ditos como os Boschimanos, invadiu a Índia, conquistou-a e promoveu a restauração de sua primitiva síntese religiosa, fazendo um levantamento de seu patrimônio sacerdotal.

A primitiva síntese religiosa da Índia se denominava BARATKAN.

Após esse feito na Índia, RAMA partiu à frente de seus exércitos e conquistou o Egito, a Pérsia e a África, promovendo também a restauração religiosa, cultural e social desses países. A prova disto está que em terras africanas ficou conhecido como GHIANCID.

E finalmente: – cremos que esses povos de raça negra têm sofrido profundas decaídas cármicas, ou seja, de grandes decomposições morais, sociais e materiais, sendo que podemos apresentar a três maiores da seguinte forma: a *1ª)* quando foram obrigados (causas citadas acima) a emigrar para o solo africano, de onde começaram a promover suas incursões guerreiras e escravagistas, mas foram repelidos e derrotados, pela reação dos povos brancos, tendo à frente o já citado RAMA, que para tanto teve como aliado outro grande guerreiro de nome THOR; isso há 8.595 anos; a *2ª)* quando sofreram outra grande decaída, isso pelos idos do ano 3200 a.C., desta vez também padeceram o impacto violento do já citado Cisma (cisão) de IRSHU, onde tornaram a poluir suas raízes místicas e religiosas; a *3ª)* quando passaram a participar, ativamente, no ciclo do escravagismo, vendendo ou trocando seus súditos com outros povos.

Essa história de negros caçado a laço é pura lenda. Eles eram vendidos ou negociados pelos seus próprios chefes tribais. Nada era feito sem o beneplácito deles. Começaram negociando, seus tribais, com os árabes (já useiros e vezeiros neste comércio), depois com os franceses, os holandeses, os portugueses, e os americanos, etc. Como corolário ou conseqüência disso, começaram a sentir o cerco dos povos brancos sequiosos de suas riquezas, até que foram dominados ou bitolados, surgindo disso o ciclo colonialista, que tem permanecido até agora.

Ultimamente, vários povos negros têm se libertado e alcançado sua independência, mas faltam ainda outros, como é o caso dos sul-africanos, onde uma minoria de brancos explora, humilha e massacra uma maioria negra.

Nas alturas deste adendo não podemos deixar de reafirmar a comprovação de que a Lei de Umbanda é uma só, e que tem se revelado através daqueles que são realmente médiuns positivos de caboclos, pretos-velhos, crianças, etc.

Conheci o saudoso e muito querido amigo Benedito Lauro do Nascimento, mais exatamente pelos idos do ano 1956 (quando foi lançada a minha primeira obra, *Umbanda de Todos Nós*).

O Capitão Benedito Lauro do Nascimento (falecido em 1983 com 80 anos de idade) era, então, presidente da Tenda Estrela do Mar, situada em Irajá.

Naquela época, ao tomar conhecimento de nossa obra, ficou admirado com o que ali se explicava sobre a Lei de Pemba. Então relatou-nos que em 1952, quando a direção prática dos trabalhos da Tenda Estrela do Mar estava a cargo de duas entidades espirituais, que eram o Caboclo Ogum Beira-Mar e o Preto-velho Pai Ernesto de Moçambique, que incorporavam em um médium de nome Nélson de Tal (pessoa simples e semi-analfabeta), tinha obtido o consentimento do Pai Ernesto de Moçambique para lhe fazer perguntas sobre a Umbanda.

Valeu-se para tanto de um caderno, e, nas oportunidades, sentava-se aos pés do Pai Ernesto, com o caderno sobre os joelhos, e anotava as perguntas e explicações dadas por aquele preto-velho sobre a Umbanda e a sua Lei de Pemba.

Dizia-nos ele que esses ensinamentos eram de uma semelhança incrível com o que havíamos recebido do Pai Guiné. Esse dito médium deixou a tenda logo em 1953, e ele então guardou as anotações.

Em 1960, quando lançamos esta obra *(Lições de Umbanda e Quimbanda na palavra de um "Preto-Velho"),* ele ficou estarrecido. A coincidência nos fundamentos e ensinamentos era quase perfeita, e haja de procurar o tal caderno, e nada...

Foi então que, em janeiro deste ano (1984), sua filha Ely, precisando fazer uma limpeza nos velhos guardados do pai, chamou uma pessoa amiga – o Maurício, atualmente fazendo parte de nossa Tenda de Umbanda Esotérica – para ajudá-la. Qual não foi a surpresa quando, no fundo de um baú, encontraram um caderninho, contendo anotações, as quais, o Maurício achando interessantes, nos trouxe para ver.

Ao lermos o manuscrito recordamos o que o Capitão Lauro sempre nos falava sobre o Pai Ernesto de Moçambique, e então concluímos ser aquele o caderno que tanto o Lauro em vida procurou para nos mostrar, durante todos esses anos.

Vimos realmente que ele não exagerou nas suas conclusões, tudo bate certinho nas palavras de Pai Ernesto e do Pai Guiné.

Sentimos então uma das maiores emoções e alegrias de nossa vida mediúnica por ver que recebemos fielmente as verdades que nos mandaram transmitir...

Assim, transcrevemos "ipsis litteris" o que restou desse manuscrito, com as explicações magistrais do Pai Ernesto de Moçambique, para que os verdadeiros umbandistas e médiuns tirem dele o maior proveito e saibam que as verdadeiras entidades falam a mesma linguagem.

Chamo a especial atenção para a definição que o Pai Ernesto deu sobre o médium de Umbanda, de fato e de direito, e o médium da corrente de Kardec.

PERGUNTAS FEITAS AO PAI ERNESTO DE MOÇAMBIQUE E AS SUAS RESPOSTAS

Pergunta: Dos trabalhos maléficos que estejam interessados aos Exus não podem, sem prejuízo do bom resultado em favor do doente, serem abolidos os despachos nas encruzilhadas, cemitérios, etc.?
Resposta: Podem. Porém, quando a entidade benfeitora manda a vítima ir à encruzilhada, cemitério, etc., levar o chamado despacho, é que reconhece também ser ela devedora de alguma coisa

do presente ou do passado, merecendo por isso o castigo de ir humilhar-se a uma entidade inferior.

Pergunta: A magia negra não pode ser desfeita pelos guias no Astral, dispensando-se, assim, de serem trazidos ao terreiro as entidades inferiores responsáveis pela mesma?

Resposta: Pode, embora a vítima receba benefícios, os malfeitores não sendo trazidos ao terreiro para serem encaminhados à escola no espaço, continuarão na prática das mesmas maldades, visto ficarem fora do alcance dos bons espíritos pela diferença de plano.

Pergunta: As guias que os médiuns usam possuem realmente algum valor?

Resposta: As guias, quando seu uso é determinado pelas entidades de luz, são saturadas dos fluidos dessas entidades e a variação de cores corresponde às diferentes vibrações.

Pergunta: Considerando que o anjo de guarda é um espírito de luz, acender velas para ele tem algum valor?

Resposta: Tem. Quando acendemos uma vela a Jesus ou a um santo qualquer fixamos neles o nosso pensamento, estabelecendo assim uma corrente de ligação cujo elo é a vela.

Pergunta: Não é absurdo dizer-se que o anjo de guarda ou protetor pode ser preso?

Resposta: É absurdo tal coisa.

Pergunta: As obrigações que se fazem nas cachoeiras, matas, mares, etc., têm algum valor?

Resposta: No período da escravatura, pelo rigor imposto pelos senhores que eram católicos, os escravos não podendo praticar livremente seus cultos, se refugiavam nesses lugares com esta finalidade, tornando-se assim para eles sítios sagrados e que no Astral Superior foi e ainda lhes é reconhecido como mercê. Por isso, determinam seus filhos a ali comparecerem a fim de receberem reajustamento de vibrações.

Pergunta: Na mesa kardecista, pode ser desfeito um trabalho de magia negra?

Resposta: Pode. Porém, é muito demorado o processo.

Pergunta: Pode o Exu ser doutrinado?

Resposta: Para melhor compreensão, o nome Exu dado a certos espíritos é coisa da Terra. Esse espírito é um agente mágico executor da Lei de Causa e Efeito no planeta Terra; é como um missionário da justiça e que deve obediência aos espíritos de mais luz, são como empregados.

Ao contrário, os espíritos que vivem nas encruzilhadas são espíritos endurecidos, ignorantes; espíritos ambiciosos e gananciosos muito materializados que têm por hábito dar o nome de Exu, visto serem a eles subordinados e, em troca de presentes materiais, atacam as pessoas indefesas, assim como lhes concedem favores da mais baixa espécie possível.

Esses espíritos quando atraídos para desfazerem o mal, requerem muitas vezes que se lhes tratem com energia para poderem obedecer; podem, não obstante, ser doutrinados.

Pergunta: Qual a finalidade exata dos pontos riscados?

Resposta: É uma combinação entre os espíritos que formam as falanges de Umbanda e têm por fim atrair forças fluídicas positivas, repelir as negativas, invocar o auxílio de outras entidades e também expedir ordens. Os pontos só podem e devem ser utilizados pelas entidades que deles possuam perfeito conhecimento; um reduzido número de encarnados conhece alguma coisa a respeito, porém é muito perigosa sua utilização por parte de quem desconhece seus fundamentos; pode invocar sem querer verdadeiras desgraças para si e para outrem.

O ponto riscado é magia.

Pergunta: Qual o fundamento do ponteiro?

Resposta: Ele é utilizado na firmeza de pontos de abertura e encerramento de um trabalho, como complemento do ponto riscado, no entanto pode ser dispensado, dependendo da entidade atuante.

Pergunta: Por que os guias fumam?

Resposta: A fumaça do charuto e do cachimbo substitui o defumador cujo objetivo real é limpar o ambiente e as pessoas de vibrações negativas.

Não é, como os leigos julgam, um vício ou uma prova de inferioridade do espírito.

Pergunta: E sobre o uso do álcool e bebida?

Resposta: 1º) O álcool é um dos elementos empregados como processo para afugentar certos espíritos que não resistem a seu cheiro, como por exemplo: os obsessores renitentes. 2º) O uso de certas bebidas pelas entidades espirituais que trabalham, em missão no terra a terra, em dias festivos, é somente como confraternização com seus médiuns e nunca por vício. Fora disso, é que os médiuns, abusando do dom consciente, gostam de molhar a garganta.

Pergunta: Podem os espíritos de Umbanda se identificar através do chamado ponto riscado? Como?

Resposta: Podem. Pelo ponto riscado é que as entidades se identificam por completo nos aparelhos de incorporação. Os pontos traduzem e imantam Forças da Magia Celeste; é um privilégio dos Orixás, Guias e Protetores. Eles identificam poderes, responsabilidades de espíritos, tipos de atividade e os vícios iniciáticos das falanges.

Podem ser usados para trabalhos em benefício do bem aos necessitados; para imantação de guias, colares, patuás, etc., e para a identificação individual dos próprios Orixás, Guias e Protetores. Para sua identificação individual, a entidade de Umbanda traça três sinais básicos: a Flecha, a Chave e a Raiz. Com a Flecha, a entidade diz quem é; com a Chave identifica a sua banda e com a Raiz caracteriza a sua afinidade e muitas das vezes o seu grau na hierarquia. O conjunto dos três elementos é que forma o ponto completo.

Pergunta: Poderia fazer algumas considerações sobre os seguintes símbolos: o triângulo, a cruz e a estrela de cinco pontas?

Resposta: O triângulo é o símbolo do Universo Ternário, significando a elevação pelo intelecto; é a manifestação dos Três Mundos; o astral, o mental e o físico; possui alto valor simbólico, servindo para todos os altos trabalhos de magia positiva. A estrela de cinco pontas é um poderoso símbolo de imantação de forças espirituais. Ela representa o Homem-Perfeito, a Inteligência Universal. É um poderoso símbolo de proteção. Suas pontas representam as cinco forças vitais ou os cinco pranas. A cruz é o símbolo que representa a hierarquia crítica, é a chave de todos os mistérios, é o símbolo da redenção.

Pergunta: Existe alguma diferença entre a mediunidade da mesa kardecista e a mediunidade de Umbanda?

Resposta: Sim. A mediunidade no chamado espiritismo de mesa é acentuadamente mental, as comunicações são quase telepáticas, predominantemente inspirativas, isto é, os espíritos atuam mais sobre a mente dos médiuns, pois a atividade do espiritismo se processa mais no plano mental.

O espiritismo de mesa não tem missão de atuar no baixo astral contra os elementos de magia negra, como acontece com a Umbanda. Ele é quase exclusivamente doutrinário, mostrando aos homens o caminho a ser seguido a fim de se elevarem verticalmente a Deus. Sua doutrina funda-se principalmente na reencarnação e na Lei de Causa e Efeito. Abre a porta, mostra o caminho iluminado, e aconselha o homem a percorrê-lo a fim de alcançar a sua libertação dos renascimentos dolorosos em mundos de sofrimentos, como é o nosso atualmente, candidatando-se à vivência em mundos melhores. Em virtude disso, a defesa do médium kardecista reside quase exclusivamente na sua conduta moral e elevação de sentimentos, portanto, os espíritos da mesa kardecista, após cumprirem suas tarefas benfeitoras, devem atender outras obrigações inadiáveis.

É da tradição espírita kardecista que os espíritos manifestem-se pelo pensamento, cabendo aos médiuns transmitir as idéias com o seu próprio vocabulário e não as configurações dos espíritos comunicantes. Em face do habitual cerceamento mediúnico junto às mesas kardecistas, os espíritos têm que se limitar ao intercâmbio mais mental e menos fenomênico; isto é, mais idéias e menos personalidades. Qualquer coação ou advertência contrária no exercício da mediunidade reduz-lhe a passividade mediúnica e desperta a condição anímica. Por esta razão há muito animismo na corrente kardecista.

A faculdade mediúnica do médium ou cavalo de Umbanda é muito diferente da do médium kardecista, considerando-se que um dos principais trabalhos da Umbanda é atuar no baixo astral, submundo das energias degradantes e fonte primária da vida. Os médiuns de Umbanda lidam com toda a sorte de tropeços, ciladas, mistificações, magias e demandas contra espíritos sumamente poderosos e cruéis, que manipulam as forças ocultas negativas com sabedoria. Em conseqüência o seu desenvolvimento obedece a uma técnica específica diferente da dos médiuns kardecistas. Para se resguardar das vibrações e ataques das chamadas falanges negras, ele tem que valer-se dos elementos da Natureza, como seja: banhos de ervas, perfumes, defumações, oferendas nos diversos reinos da Natureza, fonte original dos Orixás, Guias e Protetores, como meios de defesa e limpeza da aura física e psíquica, para poder estar em condições de desempenhar a sua tarefa, sem embargo da indispensável proteção de seus Guias e Protetores espirituais, em virtude de participarem de trabalhos mediúnicos que ferem profundamente a ação dos espíritos das falanges negras, isto é, do mal, que os perseguem, sempre procurando tirar uma desforra. Por isso a proteção dos filhos de terreiro é constituída por verdadeiras tropas de choque comandadas pelos experimentados Orixás, conhecedores das manhas e astúcias dos magos negros. Sua atuação é permanente na crosta da Terra e vigiam atentamente os médiuns contra investidas adversas, certos de que ainda é muito precária a defesa guarnecida pela elevação de pensamentos ou de conduta moral superior, ainda bastante rara entre as melhores criaturas. Os Chefes de Legião, Falanges, Subfalanges, Grupamentos e Protetores também assumem pesados deveres e responsabilidades de segurança e proteção de seus médiuns. É um compromisso de serviço de fidelidade mútua, porém, de maior responsabilidade dos Chefes de Terreiro. Daí as descargas fluídicas que se processam nos terreiros, após certos trabalhos pesados, com a colaboração das falanges do mar e da cachoeira, defumação dos médiuns e do ambiente e dando de beber a todos água fluidificada.

O espírito que reencarna com o compromisso de mediunidade na Umbanda recebe no espaço, na preparação de sua reencarnação, nos seus plexos nervosos ou chakras, um acréscimo de energia vital eletromagnética necessária para que ele possa suportar a pesada tarefa que irá desempenhar.

Na corrente kardecista, isto não é necessário, em virtude de não ter que enfrentar trabalhos de magia negra, como acontece na Umbanda; e mesmo permitir aos guias atuarem-lhe mais fortemente nas regiões dos plexos, assumindo o domínio do corpo físico e plastificando suas principais características. Então vemos caboclos e pretos-velhos revelarem-se nos terreiros com linguagem deturpada para melhor compreensão da massa humilde, assim como as crianças, encarnando suas maneiras infantis para melhor aceitação da mesma.

Respondendo a Perguntas

*D*adas as incontáveis perguntas que a mim fazem – verdadeiro assédio –, pessoais, por cartas, etc., essas quase de todos os Estados, sobre a positiva e crescente atuação do elemento lusitano na Umbanda, mormente como médiuns, recebendo "caboclos, pretos-velhos", etc., "surpreendendo" a todos, a sua pronta adaptação, etc., sou obrigado a dar certos esclarecimentos, embora ligeiros.

Ora, meus bons irmãos: – se vocês estudam, pesquisam, etc., devem saber que Pedro Álvares Cabral, quando por volta do ano de 1500 aqui aportou – por estas terras dos brasis – não descobriu coisa alguma, *redescobriu.*

Por aqui já encontrou negros e brancos, em minoria e de relações com nossos índios, em perfeita paz, humana e religiosa.

Pois bem, quando os nossos antigos aborígines viram em suas caravelas uma espécie de cruz desenhada, os receberam com grandes manifestações de alegria. Por quê? Porque os índios daquelas eras ainda adoravam a cruz – curuçá, símbolo sagrado dos mistérios solares (do Cristo cósmico) que eles praticavam, ensinado pelos seus *payé,* esses magos da luz.

E, de acordo com uma antiqüíssima tradição esotérica dessas tribos (os tupy- nambá, tupy-guarany), estava profetizada a vinda de estrangeiros (os emboabas), como irmãos, para ajudarem a sua raça que estava na decadência. Eles chegariam com o símbolo de curuçá (a sua cruz sagrada), dentro dos mesmos ensinamentos que Pai-Sumam (o Moysés indígena, cujo termo os jesuítas portugueses, posteriormente, grafaram como Sumé, para identificá-lo com o São Thomé, para suas conveniências religiosas, etc.) tinha legado.

Tudo isso, ainda, segundo os ensinamentos ou a doutrina, também confirmada por Yurupary – o Messias tupy-nambá, o filho da Virgem Chiúcy, a mãe do pranto, "a mater-dolorosa" que viu seu querido filho ser sacrificado, preso de estertor moral, enforcado e setado, porque pregava o "amai-vos uns aos outros, tanto quanto eu vos amei", tal e qual Jesus o fez milhares e milhares de anos depois.

Pois bem, como os nossos índios sabiam disso tudo e viram a cruz pintada nas velas, receberam Cabral e sua gente, bem como os portugueses que foram chegando, após esse evento, para fins diversos.

Ora, todos sabem o que é uma colonização. Todos sabem que isso implica uma seriação de atos de toda espécie. Não entrarei no âmbito dessa questão.

Só posso afirmar que os nossos irmãos lusitanos daquelas eras *criaram um Carma duro,* em relação com a corrente ameríndia ou dos nossos antigos índios, bem como com a dos africanos.

E é claro a todos que me fizeram essas perguntas e que estudam o espiritismo, o esoterismo, etc., que existe a Lei de Causa e Efeito.

Portanto, sabemos, esotericamente, que todos *os espíritos* dos antigos portugueses que transitaram por este imenso Brasil encarnam ou são fatalmente atraídos para estas nossas plagas. É o reajuste Cármico que tem que se processar, dessa ou daquela forma.

E, em vista do exposto, é lógico que são, também, atraídos pela Corrente Astral de Umbanda, onde militam os espíritos dos antigos payé e caciques, bem como dos antigos africanos, babalaôs ou sacerdotes, etc.

Creio que fica, assim, bastante claro, o *porquê* ou a *razão oculta* de o elemento português estar completamente integrado na Umbanda.

Naturalmente, muitos sendo médiuns, e acresce dizer, com carma ou missão definida na Umbanda.

Conheço o caso de um moço português que, chegado ao Brasil, apenas há um ano e meio, sentindo-se mal, depois de correr médicos, etc., foi aconselhado a procurar uma Tenda. Lá, espontaneamente, manifestou-se com o caboclo X, que disse ter missão com o aparelho dadas as suas atuações passadas, no Brasil, por via de algumas encarnações, etc. E faço notar o seguinte: – esse caboclo, quando incorporava no médium português, não *carregava,* de forma alguma, no sotaque lusitano. Falava naturalmente ou de acordo com nossas condições morfológicas.

Para finalizar, quero tornar bem patente: – que tudo isso que explanei acima não empana nem tenta desmerecer o extraordinário feito de Cabral. Muito devemos aos nossos dignos irmãos portugueses do passado. É tão grande a nossa identificação moral, social, religiosa, etc., com eles, que o elemento português aqui radicado é como se estivesse em sua pátria. São tão grandes os laços que nos prendem através do recuo dos séculos que, com eles, nós não fazemos diferenciações. Discutem de tudo, como se fossem *nacionais* mesmo. Criticam e elogiam as nossas coisas e achamos tudo muito natural, partindo deles.

Creio serem suficientes essas explicações para o momento.

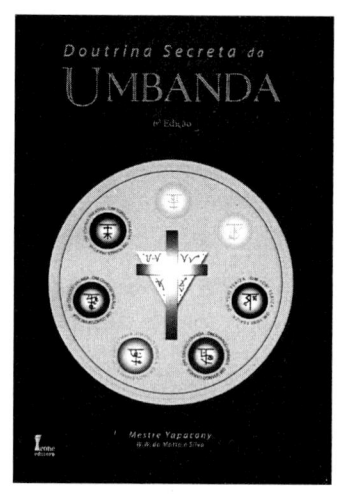

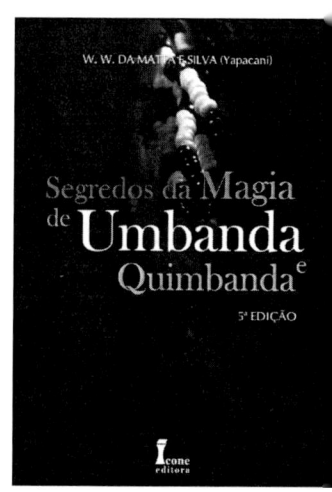